서강 New 한국어

기획 김성희

김성희 오경숙 최영미 윤혜숙 최연재
정예랜 정영미 구은미

4A STUDENT'S BOOK

서강한국어 뉴시리즈
Student's Book 4A

☆ 이 책은 2006년에 출판한 서강한국어 4A를 수정 보완한 것입니다.
This book was developed from Sogang Korean Student's Book 4A, which was first published in 2006.

저작권

출판사

초판 발행	2015년 3월 1일
1판 7쇄	2022년 3월 15일
펴낸곳	서강대학교 국제문화교육원 출판부
펴낸이	심종혁
등록번호	313-2006-000028
출판사 주소	서울시 마포구 백범로 35 서강대학교 국제문화교육원
Tel	(82-2) 705-8088~9
Fax	(82-2) 701-6692, 713-8963
E-mail	ckss@sogang.ac.kr
Homepage	http://klec.sogang.ac.kr

세트

ISBN 978 89 92491 84 6	서강한국어 뉴시리즈 학생책 4A
ISBN 978 89 92491 86 0	서강한국어 뉴시리즈 학생책 4A 영어 문법·단어 참고서 (비매품)
ISBN 978 89 92491 96 9	서강한국어 뉴시리즈 학생책 4A 일본어 문법·단어 참고서
ISBN 978 89 92491 97 6	서강한국어 뉴시리즈 학생책 4A 중국어 문법·단어 참고서
ISBN 978 89 92491 91 4	서강한국어 뉴시리즈 워크북 4A

판매•유통

판매•유통	(주)도서출판 하우
등록번호	제475호
주소	서울시 중랑구 망우로68길 48
Tel	(82-2) 922-7090, 922-9728 Fax (82-2) 922-7092
Homepage	http://hawoo.co.kr

서강한국어 교사 사이트

http://koreanteachers.org

Sogang Korean Teachers

시리즈 기획

김성희 서강대학교 한국어교육원 전 교학부장
서강대학교 불문과 박사과정 수료(불어학)

저자

서강한국어 4A(2006 초판)

김성희 서강대학교 한국어교육원 전 교학부장
서강대학교 불문과 박사과정 수료(불어학)
오경숙 서강대학교 한국어교육원 연구개발차장
서강대학교 국문과 박사(국어학)
최영미 일본 도쿄 한국문화원 세종학당, 일본외국어전문대학 강사
한국외국어대학교 대학원 석사(외국어로서의 한국어교육)
윤혜숙 서강대학교 한국어교육원 대우전임강사
연세대학교 교육대학원 석사(외국어로서의 한국어교육)
최연재 서강대학교 한국어교육원 대우전임강사
한국외국어대학교 대학원 박사 수료(외국어로서의 한국어교육)

서강한국어 뉴시리즈 4A(2015 초판)

김성희 서강대학교 한국어교육원 전 교학부장
서강대학교 불문과 박사과정 수료(불어학)
정예랜 서강대학교 한국어교육원 대우전임강사
연세대학교 교육대학원 석사(외국어로서의 한국어교육)
정영미 서강대학교 한국어교육원 대우전임강사
건국대학교 국문과 박사 수료(현대문학)
구은미 서강대학교 한국어교육원 대우전임강사
일본 오사카외국어대학교 대학원 석사(일본어교육)

영문 번역

David Carruth(한빛) 전문번역가

영문 감수

Sahie Kang(강사희) Professor of Korean and Director, School of Korean, Middlebury College
University of Florida, Ph.D. in General Linguistics

제작진

편집디자인 디자인탱크
표지디자인 디자인씨드
일러스트 김소연
CD 녹음 편집 ㈜대신미디어
사진 김선재

출판에 도움을 주신 분

자료를 제공해 주신 황지하, 박윤일, Mieko Fukushima, Emre Kanik 씨, 사진 촬영을 도와주신 서강대 한국어교육원 선생님과 학생 여러 분께 감사의 마음을 전합니다. 교재 시범 사용에 큰 도움을 주신 4급 선생님들, 출판 업무를 지원해 주신 김현정 선생님, 그리고 여기에 미처 다 언급하지 못한 많은 분들께 진심으로 감사드립니다.

일러두기

서강한국어 뉴시리즈 4A

2006년에 서강한국어 4A 초판이 나온 후 많은 사랑을 받았습니다. 뉴시리즈는 서강한국어를 아껴 주신 한국 내외의 여러 교사와 학생들의 조언을 받아들여 수정 보완한 개정판입니다. 시시각각으로 변하는 현대 사회 문화에 맞추기 위해 내용을 재구성하고 효율적인 교수 학습을 돕기 위해 그림과 사진, 편집 디자인을 최신화하였습니다.

목표

학습자가 사회 생활에서 만나는 여러 문제를 해결할 수 있도록 언어 능력을 향상시키는 것을 목표로 합니다. 다양한 사회적 상황에서 언어적으로 유창하면서도 문화적으로 적절하게 참여하여 여러 문제를 해결하고, 나아가 원만한 대인 관계를 유지할 수 있도록 합니다. 아울러, 고급 단계로의 진입을 준비하기 위한 구어와 문어의 이해, 표현 능력 향상에도 중점을 두었습니다.

대상

서강한국어 1A부터 3B까지 500~600시간 정도의 수업을 마친 학생을 위한 교재입니다.

수업 진행

서강한국어 4A의 한 단원은 구어 의사소통 영역인 듣고 말하기 1, 2, 말하기 1, 2 〈과제〉가 먼저 수록되어 있고 그 뒤에 문어 의사소통 영역인 읽고 말하기 1, 2가 수록되어 있습니다.
각 단원은 이틀에 걸쳐 진행하도록 구성하였으며, 학습자의 요구와 교수·학습 상황에 따라 선택적으로 이용할 수 있습니다.

예시) 75시간 과정의 경우

	첫째 날	둘째 날
1교시	듣고 말하기 1	듣고 말하기 2
2교시	말하기 1	말하기 2 〈과제〉
3교시	읽고 말하기 1	읽고 말하기 2

듣고 말하기 1
단원의 도입으로서 수업 목표에 대한 흥미를 유발하고 학습 동기를 부여하는 역할을 합니다. 생생한 의사소통 발화를 듣고 다양한 활동을 수행합니다.

말하기 1
'듣고 말하기 1'에서 노출된 목표 문법을 학습하고 연습합니다. 유의미한 담화 안에서 문법·표현의 사용 방법을 연습합니다.

읽고 말하기 1
짧은 글을 읽은 후 정보를 전달하고 그 주제에 대해 의견을 자유롭게 교환하는 과제를 수행합니다.

듣고 말하기 2
심화된 듣기 자료를 통해 '말하기 2 〈과제〉' 수행에 필요한 담화 구조와 언어 표현을 익히고 연습합니다.

말하기 2 〈과제〉
단원에서 학습한 어휘와 표현을 활용하여 학습자는 언어, 지식, 경험, 사회적인 능력, 창조적인 능력을 총동원하여 결과물을 산출합니다.

읽고 말하기 2
여러 장르의 긴 글을 다양한 전략을 활용해서 읽습니다. 읽기를 통하여 습득한 정보를 이용하여 고급 의사소통 과제를 수행합니다.

구성

학생책
주요 의사소통 기능을 목표로 하는 총 8개의 단원으로 이루어져 있습니다. 각 단원은 '단원 표지, 듣고 말하기 1, 말하기 1, 듣고 말하기 2, 말하기 2 〈과제〉, 읽고 말하기 1, 읽고 말하기 2, 단원 정리' 순서로 구성되어 있습니다. 이와 동시에 어휘, 발음 · 억양, 쓰기 학습 자료도 수록하고 있습니다.

MP3
듣기 대화, 정확히 듣기 연습, 발음·억양 연습 파일을 수록하였습니다.
서강대학교 한국어교육원 홈페이지(klec.sogang.ac.kr)와 서강한국어 교사사이트(koreanteachers.org)에서 음성 파일을 내려받을 수 있습니다.

문법·단어 참고서
목표 문법과 새로운 단어·표현 번역 자료, 학생책 모범 답안 수록.

목차
Contents

내용 구성표

	제 목	듣고 말하기 1	말하기 1
1	계기 말하기 사회보기 자기소개하기	p18 동호회 모임에 참석해 주셔서 감사합니다	p21 -아/어서 -게 됐어요 사회보기 표현 자기소개 표현
2	경험 말하기 조언하기	p38 조언 한 말씀 부탁드립니다	p41 -다 보니 -게 됐어요 -다 보면 -게 될 거예요
3	격식체 말하기 발표하기	p58 지금부터 발표를 시작하겠습니다	p61 격식체 말하기 발표 표현 ▷ 시작할 때 쓰는 표현 ▷ 시각 자료를 사용할 때 쓰는 표현 ▷ 끝낼 때 쓰는 표현
4	걱정 말하기 의견 말하기	p78 고민을 해결해 드리겠습니다	p80 -을까 봐 -는 게 -을 것 같아요 -으면 -을수록
5	길 설명하기 확인하기	p96 혜화 역에서 내려서 2번 출구로 나가	p99 길 설명하기 표현 -다고요?
6	소리·동작 묘사하기 서술하기	p118 선녀와 나무꾼	p121 의성어·의태어 -더니
7	설득하기 추측하기	p140 독립해서 살고 싶어요	p143 -잖아요 -다고 해서 다 -은/는 것은 아니에요 -을 텐데②
8	물건 묘사하기	p160 가로는 1m쯤 되고 세로는 2m가 안 돼요	p163 모양·감촉·재료 어휘 명 만 해요 -이 넘어요, -이 안 돼요

	듣고 말하기 2	말하기 2 〈과제〉	읽고 말하기 1	읽고 말하기 2
	p23 일본에서 온 미카라고 합니다	p25 **자기소개를 해 보세요**	p26 [안내글] 동호회 소개	p31 [잡지 기사] 긴급 구호가 한비야
	p43 뮤지컬 배우이신 허엽 씨를 모시고 이야기를 나눠 보겠습니다	p45 **유명인과 인터뷰를** **해 보세요**	p46 [정보글] 학습 유형	p51 [잡지 기사] 평화의 대가 브라이언 배리
	p64 떡볶이에 대해 발표하려고 합니다	p66 **3분 발표를 해 보세요**	p67 [설명문] 발표를 잘하는 방법	p71 [발표문] 한국의 돈
	p82 얼굴에 고민이 있다고 쓰여 있어	p84 **친구의 고민을 듣고** **상담해 보세요**	p85 [인터넷 글] 인터넷 수다	p89 [대담글] 술 권하는 사회
	p101 홍대 입구 역 9번 출구로 나가	p103 **찾아가는 길을** **설명해 보세요**	p104 [잡지 기사] 서울의 매력, 한강	p110 [잡지 기사] 서울 북악산 성곽길
	p124 하늘 나라에서 다시 내려온 나무꾼	p127 **단막극 공연을** **해 보세요**	p128 [옛날 이야기] 선녀와 나무꾼 뒷이야기	p133 [신화] 단군 신화
	p145 나하고 부산에 가는 게 어때?	p147 **설득하는 역할극을** **해 보세요**	p149 [광고글] 공익광고	p153 [자기 소개서] 자기 소개서
	p168 시계가 어떻게 운동이 되니?	p170 **즐겨 쓰는 물건에 대해** **이야기해 보세요**	p171 [잡지 기사] 이달의 아이디어 상품	p175 [수필] 버리지 못하는 물건

단원 구성

단원 표지

학습 목표
단원의 학습 목표와
내용을 알려줍니다.

단원의 내용을 이미지로
보여줍니다.

듣고 말하기 1

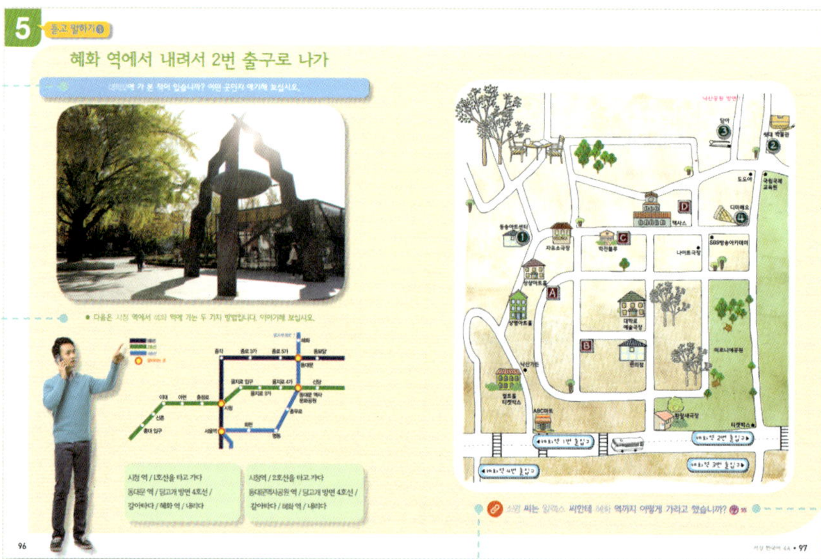

도입
주제에 관심을 갖고
듣기 이해에 필요한
배경 지식을 준비합니다.

제시
듣게 될 상황을
머리 속으로 그릴 수
있게 도와줍니다.

연습
듣고 무엇을 이해해야
하는지 미리 알려줍니다.

녹음 내용이
들어 있는
MP3 트랙을
알려줍니다.

듣고 말하기 1

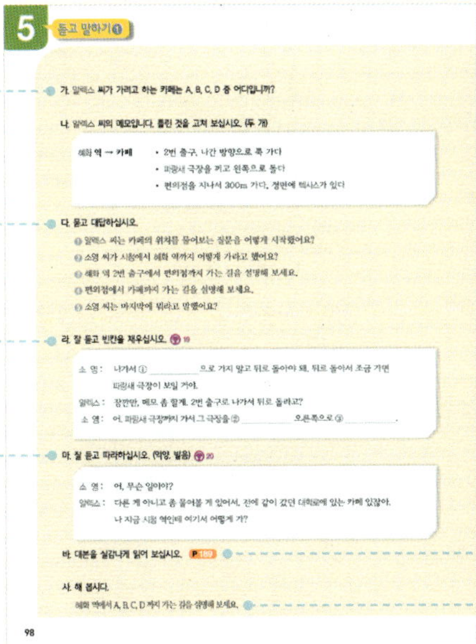
5 듣고 말하기 1

가. 알렉스 씨가 가려고 하는 카페는 A, B, C, D 중 어디입니까?

나. 알렉스 씨의 메모입니다. 틀린 것을 고쳐 보십시오. (두 개)

다. 듣고 대답하십시오.

라. 잘 듣고 빈칸을 채우십시오.

마. 잘 듣고 따라하십시오. (억양, 발음)

바. 대본을 실감나게 읽어 보십시오.

사. 해 봅시다.

98

듣기 내용을 잘 이해했는지 확인합니다.

듣고 이해한 내용을 말하는 연습을 합니다.

중요한 내용이나 어휘 및 표현 학습을 위해 자세히 듣습니다.

발음, 억양, 자연스럽게 끊어 말하기 연습을 합니다.

대본을 이용해서 실제 한국 사람처럼 말하는 연습을 합니다.

활용
듣기 내용을 활용해서 생각이나 경험 나누기, 역할극, 게임, 창작 등 다양한 활동을 합니다.

말하기 1

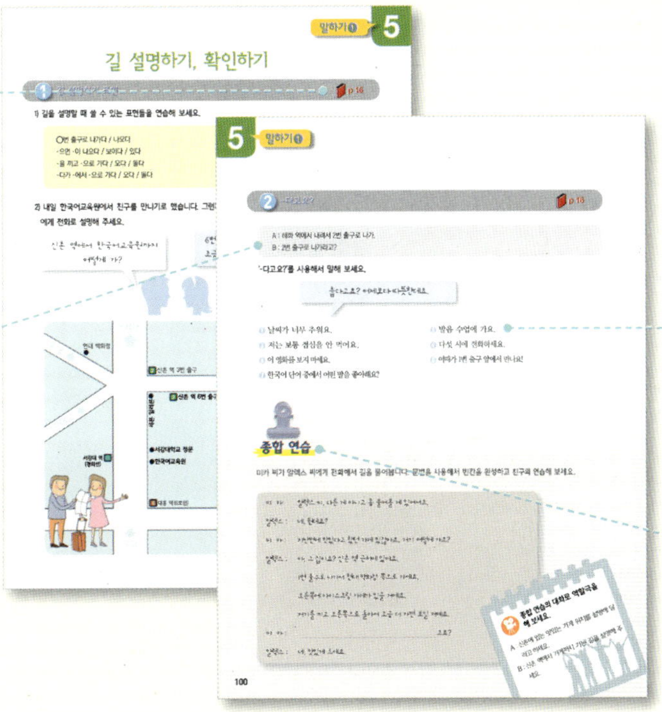
말하기 1 5

길 설명하기, 확인하기

5 말하기 1

종합 연습

100

각 단원의 목표 문법, 표현이 설명되어 있는 문법·단어 참고서의 페이지를 보여 줍니다.

제시
문법 및 표현의 의미와 사용 방법을 보여 줍니다.

연습
문법을 사용해서 자유롭게 말하는 연습을 합니다.

활용
학습한 문법을 유의미한 담화 안에서 연습하고 학습자의 상황으로 바꾸어 역할극을 합니다.

듣고 말하기 2

도입
주제에 관심을 갖고 듣기 이해에 필요한 배경 지식을 준비합니다.

제시
듣게 될 상황을 머리 속으로 그릴 수 있게 도와줍니다.

연습
🔗 듣고 무엇을 이해해야 하는지 미리 알려 줍니다.

세부 내용을 파악하는 자세히 듣기 연습을 합니다.

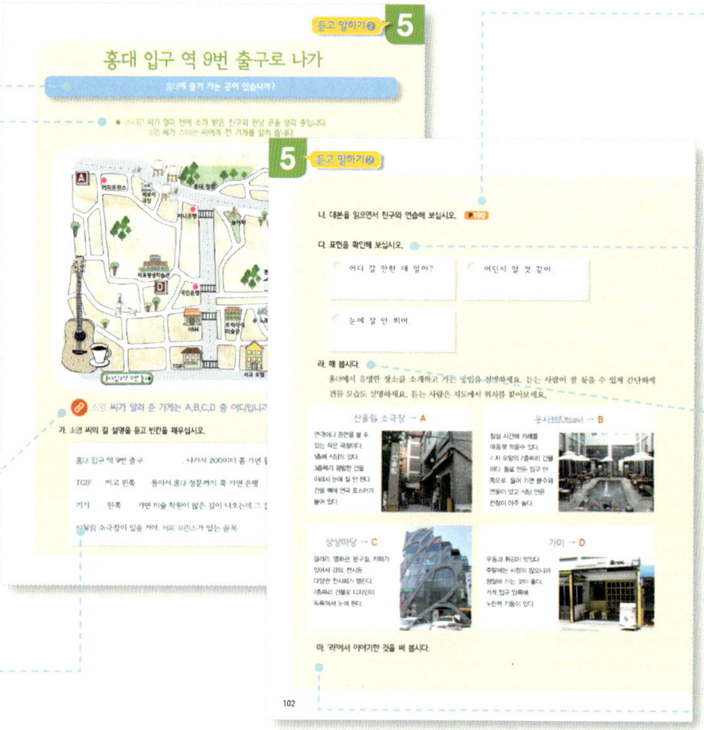

대본을 이용해서 발음, 억양, 자연스럽게 말하기 연습을 합니다.

중요 표현을 연습합니다.

활용
듣기 내용을 활용해서 생각이나 경험 나누기, 역할극, 게임, 창작 등 다양한 활동을 합니다.

앞에서 학습한 내용을 이용하여 글을 씁니다. 쓰기 수업 자료로 이용하면 좋습니다.

말하기 2

수행할 과제를 알려 줍니다.

준비
과제를 파악하고 과제 수행을 위해 준비합니다.

활동
소집단 활동, 반 전체 활동 등 과제의 성격과 내용에 알맞게 과제를 수행합니다.

정리
활동을 정리하고 평가합니다.

읽고 말하기 1

도입
주제에 대한 배경 지식을 부여하고 학습 동기를 유발합니다.

제시
본문의 이해에 도움을 주는 길잡이 역할을 합니다.

연습
짧은 글을 읽고 이해한 내용을 전달하는 활동을 합니다. 읽은 내용을 요약해서 말하기, 쉽게 풀어 말하기, 재구성해서 말하기 등의 다양한 읽기 전략을 익힙니다.

활동을 하면서 정보를 수집할 때 이용합니다.

주어진 단어를 이용해서 읽은 내용을 정확하게 말하는 연습을 합니다.

활용
확장된 말하기 활동으로 자신의 생각이나 경험 나누기, 게임, 창작 등 다양한 활동을 합니다.

본문 내용 또는 활동을 이용한 글쓰기입니다. 쓰기 수업 자료로 이용하면 좋습니다.

읽고 말하기 2

연습
글을 읽고 알아내야 할 정보가 무엇인지 알려줍니다.

도입
주제와 관련된 경험을 말하거나 주요 어휘를 학습합니다.

제시
본문의 이해에 도움을 주는 길잡이 역할을 합니다.

내용 이해를 돕는 연습으로 다양한 읽기 전략을 사용해서 본문 내용을 확인합니다.

읽고 이해한 내용을 말하는 연습을 합니다.

주어진 단어를 이용해서 읽은 내용을 조리있게 말하는 연습을 하거나 마인드 맵을 이용해서 전체 내용을 말하는 연습을 합니다.

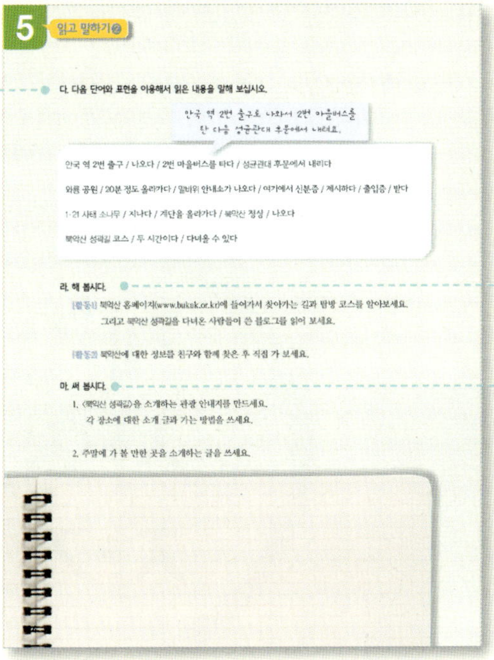

5 읽고 말하기❷

다. 다음 단어와 표현을 이용해서 읽은 내용을 말해 보십시오.

안국 역 2번 출구 / 나오다 / 2번 마을버스를 타다 / 성균관대 후문에서 내리다

와룡 공원 / 20분 정도 올라가다 / 말바위 안내소가 나오다 / 여기에서 신분증 / 제시하다 / 출입증 / 받다

1·21 사태 소나무 / 지나다 / 계단을 올라가다 / 북악산 정상 / 나오다

북악산 성곽길 코스 / 두 시간이다 / 다녀올 수 있다

라. 해 봅시다.

[활동1] 북악산 홈페이지(www.bukak.or.kr)에 들어가서 찾아가는 길과 탐방 코스를 알아보세요. 그리고 북악산 성곽길을 다녀온 사람들이 쓴 블로그를 읽어 보세요.

[활동2] 북악산에 대한 정보를 친구와 함께 찾은 후 직접 가 보세요.

마. 써 봅시다.

1. 〈북악산 성곽길〉을 소개하는 관광 안내지를 만드세요. 각 장소에 대한 소개 글과 가는 방법을 쓰세요.

2. 주말에 가 볼 만한 곳을 소개하는 글을 쓰세요.

활용

본문 내용과 관련된 활동입니다. 생각이나 경험 나누기, 역할극, 게임, 창작 등 다양한 활동을 합니다.

본문 내용 또는 활동을 이용한 글쓰기입니다. 쓰기 수업 자료로 이용하면 좋습니다.

단원 정리

주요 어휘와 표현이 정리되어 있습니다. 단어·표현에 대한 설명은 별책 〈문법·단어 참고서〉에 실려 있습니다.

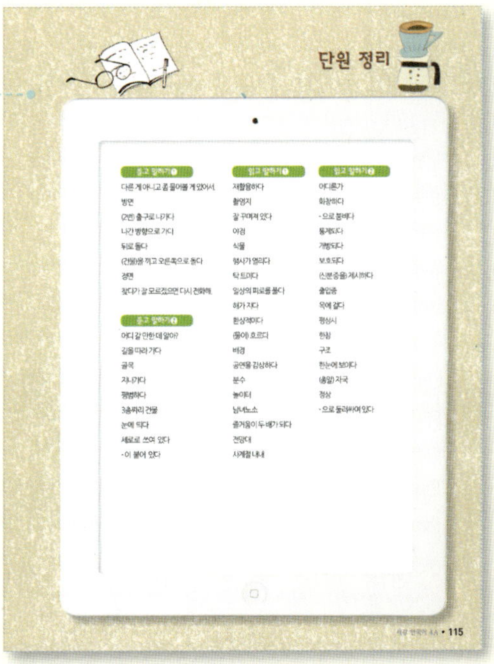

단원 정리

듣고 말하기❶
다른 게 아니고 좀 물어볼 게 있어서.
방면
(2번) 출구로 나가다
나간 방향으로 가다
뒤로 돌다
(건물)을 끼고 오른쪽으로 돌다
정면
찾다가 잘 모르겠으면 다시 전화해.

듣고 말하기❷
어디 갈 만한 데 알아?
길을 따라 가다
골목
지나가다
평범하다
3층짜리 건물
눈에 띄다
세로로 쓰여 있다
-이 붙어 있다

읽고 말하기❶
재활용하다
활엽지
잘 꾸며져 있다
야경
식물
행사가 열리다
탁 트이다
일상의 피로를 풀다
해가 지다
환상적이다
(물이) 흐르다
배경
공연을 감상하다
분수
놀이터
남녀노소
즐거움이 두 배가 되다
전망대
사계절 내내

읽고 말하기❷
어디론가
화창하다
-으로 붐비다
통제되다
개방되다
보호되다
(신분증을) 제시하다
출입증
목에 걸다
평상시
한참
구조
한눈에 보이다
(옛말) 자국
정상
-으로 둘러싸여 있다

서강 한국어 4A • 115

1

계기 말하기
사회보기
자기소개하기

저희 모임에
처음 오셨지요?
어떻게 해서
이 모임을
알게 됐어요?
친구 얘기를 듣고
저도 한번 활동해 보고 싶은
마음이 생겨서
가입하게 됐어요.

동호회 모임에 참석해 주셔서 감사합니다

여러분은 어떤 동호회 활동을 해 봤습니까?

- 동호회 모임에서 신입 회원들이 자기소개를 합니다.

어떤 동호회인 것 같습니까? 2

가. 듣고 메모하십시오.

	어떤 사람?	가입 동기
이지민		
김승우		여행을 통해 많은 경험을 하고 싶어서
스테판	독일, 한국에 온 지 1년, K회사 인턴 사원	

나. 묻고 대답하십시오.

1. 이지민 씨는 왜 이 동호회에 가입했어요?
2. 김승우 씨의 가입 동기는 뭐예요?
3. 스테판 씨는 졸업 후에 왜 다시 한국에 왔어요?
4. 스테판 씨는 어떻게 해서 이 동호회에 가입하게 됐어요?
5. 사회자는 왜 김승우 씨한테 제대한 지 얼마 안 된 것 같다고 했을까요?

다. 잘 듣고 빈칸을 채우십시오. 3

김승우 : 여기에서 ① ____________ 선배님들도 많이 알게 되면 정말 좋을 것 같습니다.

열심히 활동하겠습니다.

사회자 : ② ____________ 얼마 안 되셨나 봐요.

김승우 : 네, ② ____________ 2개월 됐습니다.

라. 잘 듣고 따라하십시오. (억양, 발음) 4

A : 한국어를 참 잘하시네요.

B : 잘하기는요. 아직 멀었어요. 많이 부족하니까 여러분이 많이 도와주세요.

마. 대본을 실감나게 읽어 보십시오. P 181

바. 다음 단어와 표현을 이용해서 말해 보십시오.

이지민 씨는 동호회 활동이 처음이라서
망설이다가 생활에 변화를 주고 싶어서 가입하게 됐대요.

이지민 씨 / 동호회 활동이 처음이라서 망설이다 / 생활에 변화를 주다 / 가입하게 됐다

김승우 씨 / 여행을 통해 / 많은 경험 / 하고 싶다 / 이 동호회 / 가입하게 됐다

스테판 씨 / 동료가 이 동호회에 가입하면 여행도 할 수 있다 / 사람들도 많이 사귈 수 있다고 하다 / 가입하게 됐다

사. 해 봅시다.

여러분이 신입 회원이 돼서 동호회 회원들에게 인사해 보세요.

김승우

스테판

이지민

안녕하세요? 이지민이라고 해요.
작은 회사에 다니구요.
인터넷에서 좋은 여행 동호회를
찾다가......

계기 말하기, 사회보기, 자기소개하기

1 -아/어서 -게 됐어요

p 6

A : 어떻게 해서 동호회에 가입하게 됐어요?
B : 동료가 좋은 사람들을 사귈 수 있다고 해서 가입하게 됐어요.

'-아/어서 -게 됐어요'를 사용해서 대답해 보세요.

❶ 친구가 추천해 주다 / 가입하다

❷ 많은 경험을 하고 싶다 / 가입하다

❸ 생활에 변화를 주고 싶다 / 가입하다

❹ 인터넷 광고를 보고 관심이 생기다 / 가입하다

1-1 -다가 -아/어서 -게 됐어요

p 6

A : 어떻게 해서 이 동호회에 가입하게 됐어요?
B : 친구와 얘기하다가 동호회에 관심이 생겨서 가입하게 됐어요.

다음 질문에 알맞은 말을 〈예〉에서 찾아서 대답해 보세요.

❶ 어떻게 해서 지금 사는 집에 살게 됐어요? ㉢

❷ 어떻게 해서 서강대학교에 다니게 됐어요?

❸ 무슨 아르바이트를 해요? 어떻게 해서 그 일을 하게 됐어요?

❹ 동호회 활동을 해 봤어요? 어떻게 해서 그 동호회에 가입하게 됐어요?

저렴하다
시급

〈예〉
㉠ 학교를 알아보다가 친구가 추천해 줘서 다니게 됐어요.
㉡ 인터넷에서 동호회를 찾다가 마음에 들어서 가입하게 됐어요.
㉢ 여기저기 찾아보다가 가격이 저렴하고 방이 깨끗해서 살게 됐어요.
㉣ 친구와 얘기하다가 시급이 좋다고 해서 그 가게에서 아르바이트를 하게 됐어요.

②~③ 사회보기 표현, 자기소개 표현

p 7

1) 사회를 볼 때 쓸 수 있는 표현에 ✓하고 읽으면서 연습해 보세요.

- ✓ 지금부터 신입 회원들의 인사가 있겠습니다.
- ☐ 열심히 활동하겠습니다.
- ☐ 앞으로 나와 주시기 바랍니다.
- ☐ 여러분과 잘 지냈으면 좋겠습니다.
- ☐ 가입 동기를 간단히 말씀해 주세요.
- ☐ 많이 가르쳐 주세요. / 도와주세요.

2) 자기소개를 할 때 쓸 수 있는 표현을 읽으면서 연습해 보세요.

사회를 맡다

종합 연습

스테판 씨가 여행 동호회에서 자기소개를 합니다. 문법과 표현을 사용해서 빈칸을 완성하고 친구와 연습해 보세요.

사회자

안녕하십니까. 사회를 맡은 000입니다.

오늘 모임에 참석해 주셔서 감사합니다.

지금부터 신입회원들의 인사가 있겠습니다.

자기소개와 ______________________

______________________. 한 분씩

______________________.

스테판

안녕하세요. 독일에서 온 스테판입니다. 지금 한국 회사에서 일하면서 한국어를 배우고 있습니다.

여행에 관심이 많았는데 동호회를 ______________(알아보다)

동료가 여기를 ______________(추천해 주다) ______________(가입하다)

같이 여행 정보도 교환하고 ______________.

처음이라서 모르는 것이 많아요.

______________________.

앞으로 ______________________.

종합 연습의 대화로 역할극을 해 보세요.

A : 사회를 보세요.

B : 스테판이 돼서 말해 보세요.

일본에서 온 미카라고 합니다

여러분은 여러 사람 앞에서 자기소개를 한 적이 있습니까?

● 미카 씨와 김유진 씨는 커피 동호회의 신입 회원입니다.
오늘 동호회 모임에서 자기소개를 합니다.

두 사람은 어떻게 해서 이 동호회에 가입하게 됐습니까? 5

가. 미카 씨의 자기소개를 듣고 메모하십시오.

- 국적 : 일본
- 하는 일 :
- 가입 동기 :
- 앞으로 이 모임에서 :

나. 대본을 읽으면서 친구와 연습해 보십시오. P182

다. 표현을 확인해 보십시오.

한번 들러 주세요.	경험을 쌓다

라. 해 봅시다.

여러분은 국제 교류에 관심이 있는 한국인들의 모임에 참석했습니다.
오늘은 신입 회원 환영회를 합니다. 사람들 앞에서 자기소개를 해 보세요.

마. '라'에서 이야기한 것을 써 봅시다.

자기소개를 해 보세요

활동1

[준비] 4급 반 친구들에게 자기소개를 합니다. 사회자를 한 명 뽑으세요.

[활동] 사회자는 진행을 하고 나머지는 돌아가면서 자기소개를 하세요.

안녕하세요? 미국 LA에서 온 알렉스입니다.
한국 이름은 김수혁인데 그냥 알렉스라고 불러 주세요.
저는 교포라서 학교에서 한국어를 배운 적은 없고 부모님께서
한국말로 이야기하시는 것을 들으면서 배웠습니다.
1년 전에 서울에 잠깐 여행하러 온 적이 있는데 그때 서울에서
살아 보고 싶은 마음이 생겨서 다시 오게 됐습니다.
앞으로 4급 수업에서 정확하고 자연스러운 한국어를
배우고 싶고 여러분과도 친하게 지내고 싶어요. 한국 생활이
처음이라서 많이 걱정이 되는데요. 많이 도와주세요.

[정리] 소개가 끝나면 자유롭게 만나고 싶은 사람을 만나 이야기해 보세요.

활동2

[준비] 여러분은 _____ 동호회에 가입했습니다. 동호회 이름을 생각해 보세요.

와인 동호회 / 사물놀이 동호회 / ??? / 춤 동호회 / 등산 동호회

[활동]

3~4명이 팀이 돼서 동호회 신고식을 해 보세요.
사회자를 맡은 사람은 모임을 진행하세요.
신입 회원을 맡은 사람은 자기소개와 가입 동기를 말해 보세요.
다른 사람들은 신입 회원에게 질문을 해 보세요.

동호회 소개

여러분의 취미는 무엇입니까?

☐ 조깅하기	☐ 수영하기	☐ 스키 타기	☐ 자전거 타기	☐ 등산하기
☐ 사진 찍기	☐ 춤추기	☐ 노래하기	☐ 낚시하기	☐ 책 읽기
☐ 영화 보기	☐ 수집하기	☐ 게임하기	☐ 쇼핑하기	☐ 요리하기
☐ 여행하기	☐ 연주하기	☐ 음악 듣기	☐ 그림 그리기	☐ ________

● 지금 활동하고 있는 동호회가 있습니까? 어떤 동호회입니까?
모임이 평일에 있습니까? 주말에 있습니까?
전체 회원이 다 같이 모이는 정기 모임은 언제, 얼마나 자주 합니까?

여러분은 어떤 동호회에 가입하고 싶습니까?

산하클럽

산하클럽은 아름다운 길을 걸으면서 건강과 마음의 여유를 찾으려는 사람들이 만든 도보 여행 동호회입니다.
보통 주말을 이용해 전국의 걷기 좋은 곳을 구석구석 찾아다닙니다.
함께 여행을 하고 싶은 회원은 매주 게시판에 공지된 장소 중에서 원하는 곳을 선택하여 신청하고 입금하면 됩니다.
연 1회 정기 모임에서는 회원들에게 가장 인기가 있었던 길을 소개하고 새로운 길에 대한 정보를 나눕니다.
걷기를 좋아하는 사람이면 누구나 자유롭게 참여할 수 있습니다.

빙글빙글

빙글빙글은 피겨 스케이팅을 사랑하는 사람들이 함께하는 동호회입니다. 우리 동호회에서는 피겨 스케이트 중에서 아이스 댄싱을 중심으로 연습하는데 1년에 한 번 공연도 합니다. 가족 같은 분위기에서 연습하고 공연하면서 하나가 되는 신나는 동호회입니다.
매주 수요일 저녁 8시~10시 잠실에 있는 스케이트장에서 정기 모임을 갖습니다. 초보자들도 쉽게 배우고 즐길 수 있도록 친절하게 가르쳐 줍니다.
여러분도 한번 도전해 보시기 바랍니다.

커피마루

커피마루는 커피를 사랑하고 즐기는 사람들이 모여서 만든 커피 동호회입니다. 전문가를 모시고 커피에 대한 기본적인 것들을 배우고 직접 커피를 만드는 시간을 갖습니다. 또한 새로 생긴 맛있는 커피숍을 방문해 맛을 보거나 커피에 대한 새로운 정보를 나누기도 합니다.
우리 동호회는 정기 모임뿐만 아니라 번개 모임도 자주 갖는데 정기 모임은 월 2회 둘째 주, 넷째 주 일요일에 있습니다.
커피에 대해 알고 싶으세요? 그럼 커피마루로 오십시오.
커피에 대한 모든 것이 다 있습니다.

가. 메모한 것 중에서 틀린 것을 고치십시오. (두 개)

산하클럽

무슨 동호회 도보 여행

활동 • ~~평일~~을 이용하여
→ 주말

• 한국의 걷기 좋은 곳을 구석구석 찾아다닌다.

정기 모임 연 1회

빙글빙글

무슨 동호회 피겨 스케이팅

활동 • 아이스 댄싱을 중심으로 연습한다.

• 가족들과 함께 연습하고 공연한다.

• 초보자들도 배울 수 있다.

정기 모임: 매주 수요일 저녁 8~10시 스케이트장

커피마루

무슨 동호회 커피

활동 • 커피 전문가를 모시고 커피에 대한 전문적인 내용을 배운다.

• 직접 커피를 만든다.

정기 모임 월 2회 둘째 주, 넷째 주 일요일

나. 관련있는 것을 모두 연결하십시오.

- 산하클럽
- 빙글빙글
- 커피마루

- 건강과 마음의 여유를 찾으려는 도보 여행모임이다
- 피겨 스케이팅을 사랑하는 사람들의 모임이다
- 커피를 사랑하고 즐기는 사람들의 모임이다
- 한국의 걷기 좋은 곳을 구석구석 찾아다닌다
- 커피에 대해 배우기도 하고 직접 만들기도 한다
- 초보자들도 쉽게 배울 수 있게 가르쳐 준다
- 보통 주말을 이용해 여행을 떠난다
- 매주 수요일마다 두 시간씩 모여서 연습한다
- 정기 모임뿐만 아니라 번개 모임도 갖는다

다. '가'의 메모를 이용해서 읽은 내용을 말해 보십시오.

산하클럽은 도보 여행 동호회인데 주말을 이용하여 한국의 걷기 좋은 곳을 구석구석 찾아다녀요. 일 년에 한 번 정기 모임을 갖는데, 보통 주말에 시간이 있는 사람들과 함께 여행을 해요.

산하클럽은

빙글빙글은

커피마루는

라. 해 봅시다.

1. 30쪽 카드 중에서 하나를 선택하세요. 그리고 그 동호회에 대해서 친구에게 설명해 보세요. 친구가 동호회에 가입할 마음이 생기도록 동호회에 대해서 잘 설명하세요.

2. 어떤 동호회가 우리 반에서 가장 인기가 있는지 알아보세요.

마. 써 봅시다.

동호회를 소개하는 글을 쓰세요.

추가 자료

올라 (HOLA)

춤에 뜨거운 관심을 갖고 계십니까? 그럼 당신은 인생을 사랑하는 사람입니다. 올라에 오시면 여러 가지 라틴 댄스를 쉽게 배울 수 있습니다. 매주 두 번(화·목) 압구정동 라틴 댄스 클럽에서 모임을 갖습니다. 춤을 사랑하는 사람은 누구나 환영합니다.

덩더쿵

덩더쿵은 사물놀이를 사랑하는 사람들이 함께하는 동호회입니다.
우리 동호회에서는 다양한 한국의 타악기들을 기초부터 배울 수 있습니다.
덩더쿵은 전국 20개 지역에서 매주 토요일 2시부터 5시까지 모임을 갖고 있습니다. 1년에 한 번 공연도 합니다.
사물놀이로 신나게 놀아 보고 싶은 분은 누구나 환영합니다.

산 따라 물 따라

산 따라 물 따라는 마음의 여유를 찾으려는 사람들이 모여서 만든 기차 여행 동호회입니다. 기차를 타고 전국의 산 좋고 물 좋은 곳을 찾아다닙니다. 월 1회(매월 첫째 주 일요일) 회원들이 가고 싶어하는 곳으로 여행을 떠나고 연 1회 정기 모임을 갖습니다.
산 따라 물 따라의 문은 항상 열려 있습니다.

타악기
기초
전국

긴급 구호가 한비야

여러분은 닮고 싶은 사람이 있습니까?

- 한비야 씨는 무슨 일을 하는 사람일 것 같습니까?

여대생 롤모델 '한비야'

한비야씨가 여대생을 대상으로 강연 ......

대학생이 가장 존경하는 인물 '한비야'

오지 여행가 한비야 ... 대학생이 가장 존경하는 한국인!

한비야 씨는 어떻게 해서 긴급 구호 활동을 하게 되었습니까?

꼭 만나고 싶었어요

긴급 구호가 한비야

여행 준비

한비야 씨는 어렸을 때부터 세계 여행이 꿈이었다. 한비야 씨는 이 꿈을 이루기 위해 직장 생활을 하면서 매달 70만 원 이상을 모았고, 등산과 요가로 건강 관리를 했다. 여행 경비 2천5백만 원을 마련했을 때 회사를 그만두었고 세계 여행을 시작했다.

여행이 주는 즐거움

한비야 씨는 도보 여행으로 많은 경험을 했다. 오지를 여행할 때에는 소 똥으로 만든 집에서 머무르는 동안 벌레 때문에 고생을 한 적도 있었다. 또 말라리아에 걸리지 않기 위해 약을 매일 먹었는데 그 약이 너무 독해서 심하게 아프기도 했다. 보통 걸어서 여행을 했지만 먼 곳으로 이동할 때에는 목적지까지 태워줄 차를 계속 기다렸다가 타기도 했는데, 장의차를 탄 적도 있었다. 어떤 곳에서는 사람들과 어울리기 위해서 그 곳에 10일 이상 머무르면서 일을 도와주기도 했다. 또 어떤 곳에서는 마라톤 대회에 나갔다가 그 지역 신문에 나기도 했다. 한비야 씨는 이 모든 것들이 여행이 주는 즐거움이라고 말한다.

긴급 구호가가 된 계기

한비야 씨는 여행 중 난민촌을 다니다

가. 맞으면 O, 틀리면 X 하십시오.

❶ 한비야 씨는 어렸을 때의 꿈이 긴급 구호가였다. (　　　)

❷ 한비야 씨는 여행 중에 병에 걸려서 매일 약을 먹었다. (　　　)

❸ 한비야 씨는 여행을 하다가 오지 사람들을 도와줘서 지역 신문에 났다. (　　　)

❹ 한비야 씨는 난민촌을 다니다가 그곳 상황을 세계에 알리고 도움을 구하는 일을 하기로 마음먹었다. (　　　)

❺ 한비야 씨는 자신과 사귀는 방법으로 오지 여행이 좋다고 했다. (　　　)

가 먹을 것이 없어서 죽는 아이들이 있다는 사실을 알게 되었다. 그리고 커피 한 잔 값으로 난민촌의 아이 여러 명을 살릴 수 있다는 것도 알게 되었다. 한비야 씨는 이런 경험을 하면서 자신이 앞으로 해야 할 일이 무엇인지에 대해서 생각을 해 보았고 난민촌의 상황을 세계에 알리고 도움을 구하는 일을 하기로 마음먹었다. 한비야 씨는 긴급 구호 활동을 하면서 자신에게도 좋고 다른 사람에게도 좋은 삶을 살게 되었다고 말한다.

여행, 자기 자신과 사귀는 방법

한비야 씨는 혼자 하는 도보 여행을 통해서 자기 자신과 사귈 수 있다고 한다. 그리고 하루하루를 '나를 찾아가는 여행'처럼 살면 자신이 바라는 꿈에 가까워질 수 있다고 한다.

김세리 기자 serikim@gmail.com

"간단하게, 따뜻하게,
그리고 하고 싶은 일을 하면서……"
이것이 한비야 씨가
사는 방식이다.

나. 묻고 대답하십시오.

1. 한비야 씨는 여행 준비를 어떻게 했어요?
2. 한비야 씨는 여행 중에 어떤 고생을 했어요? (두 가지)
3. 한비야 씨는 여행 중에 먼 곳으로 이동할 때에는 어떤 방법으로 이동했어요?
4. 한비야 씨는 난민촌에서 어떤 사실을 알게 됐어요?
5. 한비야 씨는 어떻게 자기 자신과 사귈 수 있다고 했어요?

다. 다음 단어와 표현을 이용해서 읽은 내용을 말해 보십시오.

한비야

여행 준비
꿈, 여행 경비,
건강 관리

→

여행이 주는 즐거움
오지 여행, 머무르다, 벌레, 독하다,
먼 곳, 마라톤 대회

↓

긴급 구호가가 된 계기
난민촌, 죽다, 살리다,
도움을 구하다, 마음먹다

←

자기 자신과 사귀는 방법
혼자 하는 도보 여행

라. 해 봅시다.

[활동1] 여러분에게 특별했던 여행 경험을 이야기해 보세요.

[활동2] 여러분이 사는 방식을 한비야 씨처럼 말해 보세요.

"간단하게, 따뜻하게, 그리고 하고 싶은 일을 하면서……"
이것이 한비야 씨가 사는 방식이다.

예) "세상과 사람들에 대해 따뜻한 마음으로, 그리고 모든 일에 감사하는 마음으로 살자." 이것이 내가 사는 방식이다.

마. 써 봅시다.

다음 단어와 표현을 이용해서 여러분의 여행 경험, 그리고 여행을 통해서 알게 된 것을 쓰세요.

경비를 마련하다　　이동하다　　머무르다　　-기로 마음먹다

한비야 씨는 어렸을 때부터 꿈이었던 세계 여행을 하기 위해 회사를 그만두고 오지 여행가가 되었다. 7년 동안의 여행 경험을 기록한 『바람의 딸, 걸어서 지구 세 바퀴 반』(4권)을 냈는데, 그 책이 베스트셀러가 되면서 유명해졌다. 그 후 국제 NGO 월드비전에서 긴급 구호 팀장으로 일했다.

단원 정리

듣고 말하기 ❶

동호회
-에 참석하다
신입 회원
가입 동기
망설이다
생활에 변화를 주다
가입하다
정보를 얻다
제대하다
씩씩하다
잘하기는요. 아직 멀었어요.
부족하니까 많이 도와주세요.

듣고 말하기 ❷

앞으로 나오다
경험을 쌓다
들르다

읽고 말하기 ❶

마음의 여유를 찾다
구석구석
공지되다
정기모임
정보를 나누다
-에 참여하다
초보자
도전하다
즐기다
전문가
기본적이다
모임을 갖다

읽고 말하기 ❷

-을 모으다
여행 경비
마련하다
-에 머무르다
약이 독하다
이동하다
목적지
태워주다
(10일) 이상
신문에 나다
계기
-을 살리다
도움을 구하다
마음을 먹다
삶

2

경험 말하기 조언하기

지난 번 만났을 때보다
얼굴이 좋아지셨어요.
친구들과 여기저기
다니다 보니 한국 생활의
즐거움을 알게 됐어요.

조언 한 말씀 부탁드립니다

따루 살미넨 씨는 어떤 사람입니까?

● 기자가 따루 씨가 운영하는 가게에 찾아가서 인터뷰를 합니다.

따루 씨에게 어떤 것을 물어보고 싶습니까?

방송인, 따루 살미넨(Taru Salminen)

1996 핀란드 헬싱키 대학교 동아시아학 전공
2005 주한 핀란드 대사관 인턴
2007 방송 활동 시작
2010 막걸리 학교 입학
현재 막걸리 전문점 '따루 주막' 운영, 방송 활동 중

따루 씨가 운영하는 막걸리 전문점

따루 씨는 한국어를 공부하는 학생들을 위해 어떤 조언을 했습니까? 6

가. 따루 씨의 대답을 메모해 보십시오.

	기자의 질문	따루 씨의 대답
질문1	어떻게 한국어를 잘하게 되다?	
질문2	어떻게 해서 막걸리 전문점을 시작하게 되다?	
질문3	기억에 남는 추억은 어떤 것?	
질문4	한국어 공부하는 학생들을 위해 조언?	

나. 묻고 대답하십시오.

1. 따루 씨는 처음에 한국어를 어떻게 배웠어요?
2. 따루 씨는 어떻게 해서 막걸리 전문점을 시작하게 됐어요?
3. 따루 씨한테 가장 기억에 남는 추억이 어떤 거예요?
4. 따루 씨는 어떤 것을 후회해요?
5. 따루 씨는 한국어를 공부하는 학생들을 위해 어떤 조언을 했어요?

다. 잘 듣고 빈칸을 채우십시오. 7

그러던 어느 날, 방송에서 막걸리 전문점을 하고 싶다는 얘기를 했는데 사람들이 관심을 많이 가져 주고 ① ________도 해 줬어요. 그 덕분에 ② ________가 생겨서 시작하게 됐어요.

라. 잘 듣고 따라하십시오. (끊어 읽기) 8

제가 처음 한국에서 한국어를 배울 때는 완벽한 문장이 아니면 말을 안 하려고 했었는데

지금 생각하면 후회가 돼요. 처음부터 한국어로 이야기 많이 하려고 노력하세요.

생활 속에서 즐겁게 연습하다 보면 한국어를 잘하게 될 거예요.

마. 친구와 대본을 읽으면서 인터뷰를 연습해 보십시오. P183

바. 다음 단어와 표현을 이용해서 말해 보십시오.

대학 / 졸업하다 / 다시 / 한국에 오다 / 지금까지 / 살고 있다 / 쉬지 않다 /
꾸준히 배우다 / 한국어를 잘하게 됐어요.

처음 / 한국어 / 이야기 많이 하다 / 노력하세요.
생활 속 / 즐겁게 연습하다 / 한국어를 잘하게 될 거예요.

사. 해 봅시다.

[활동1] 따루 씨와의 실제 인터뷰 동영상을 보세요.

[활동2] 기자와 따루처럼 역할극을 해 보세요.

경험 말하기, 조언하기

1 -다 보니 -게 됐어요

p 8

A : 알렉스 씨는 친구가 참 많은 것 같은데 어떻게 그렇게 친구를 많이 사귀게 됐어요?
B : 동아리 활동을 하다 보니 한국 친구가 많이 생겼어요. 페이 씨도 동아리에 한번 가입해 보세요.

'-다 보니 -게 됐어요'를 사용해서 말해 보세요.

① ________ 씨는 단어를 많이 아는데 어떻게 외웠어요?

새로 배운 단어로 예문을 만들고 많이 쓰려고 노력하다 보니 외우게 됐어요.

② ________ 씨는 듣기 실력이 좋은데 어떻게 연습했어요?

③ ________ 씨는 발음이 참 좋은데 어떻게 그렇게 좋아졌어요?

④ ________ 씨는 한국어를 아주 자연스럽게 잘하는데 어떻게 그렇게 잘하게 됐어요?

2 -다 보면 -게 될 거예요

p 9

A : 발음이 안 좋아서 걱정이에요. 어떻게 하면 좋아질까요?
B : 책을 큰 소리로 또박또박 소리 내서 읽다 보면 발음이 좋아질 거예요.

'-다 보면 -게 될 거예요'를 사용해서 말해 보세요.

학교 게시판을 보니까 동아리 모임이 많던데요. 관심 있는 동아리에 가입해서 활동하다 보면 한국 친구를 많이 사귈 수 있을 거예요.

① 어떻게 하면 한국 친구를 많이 사귈 수 있을까요?

② 요리를 잘하고 싶은데 어떻게 하면 요리를 잘할 수 있을까요?

③ 한국 사람처럼 말하고 싶은데 어떻게 하면 돼요?

④ 어떻게 하면 한국 생활을 즐겁게 할 수 있을까요?

종합 연습

알렉스 씨가 스테판 씨에게 한국어 공부 방법에 대해 조언해 줍니다. 문법을 사용해서 빈칸을 완성하고 친구와 연습해 보세요.

이만큼
자꾸

스테판 : 알렉스 씨는 한국어를 아주 잘하는데 어떻게 공부했어요?

알렉스 : 잘하기는요. 그냥 ____________ (꾸준히 하다) 이만큼 하게 됐어요.

스테판 : 좋은 방법이 있으면 좀 가르쳐 주세요.

알렉스 : 음, 전 문장을 많이 외웠어요. 외운 문장을 말할 때 많이 쓰려고

____________ (노력하다) 점점 말하기가 편해진 것 같아요.

스테판 : 나도 말이 자연스럽게 나왔으면 좋겠는데……

알렉스 : 문법을 생각하지 말고 쉽게 말해 보세요.

자꾸 ____________ (연습하다) 늘 거예요.

종합 연습의 대화로 역할극을 해 보세요.

1. 여러분이 잘하는 게 뭔지 생각하고 메모하세요.
2. A : 어떻게 해서 친구가 그것을 잘하게 됐는지 물어보고 어떻게 하면 잘하게 될지도 물어보세요.
   B : 자기 경험을 말해 주고 조언도 해 주세요.

뮤지컬 배우이신 허엽 씨를 모시고 이야기를 나눠 보겠습니다

뮤지컬 점프(JUMP)를 본 적이 있습니까?

● 배우 허엽 씨를 인터뷰합니다. 인터뷰 때 쓸 수 있는 표현들을 연습해 보세요.

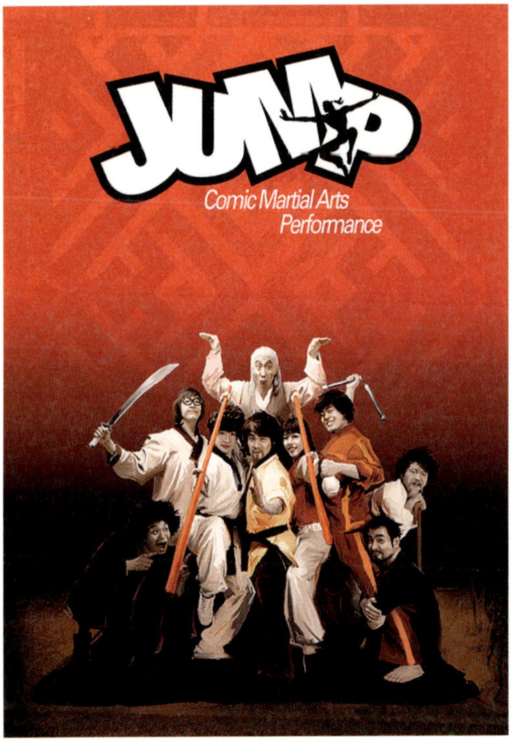

1. 소개하기 •
2. 인사 나누기 •
3. 질문하기 •
4. 조언 부탁하기 •
5. 정리하기 •

• ㉠ 언제 처음 배우가 돼야겠다고 결심하셨어요?

• ㉡ 감사합니다. 오늘은 뮤지컬 배우 허엽 씨와 이야기를 나눠 봤습니다.

• ㉢ 안녕하십니까. 바쁘신데 이렇게 시간을 내 주셔서 감사합니다.

• ㉣ 뮤지컬 배우이신 허엽 씨를 모시고 이야기를 나눠 보겠습니다.

• ㉤ 배우를 꿈꾸는 사람들을 위해 조언 한 말씀 부탁드립니다.

진행자는 어떤 질문을 했습니까? (두 개) 9

가. 듣고 메모하십시오.

허엽 씨는 질문에 어떻게 대답했어요?

1)

2)

나. 대본을 읽으면서 친구와 인터뷰를 연습해 보십시오. P 184

다. 표현을 확인해 보십시오.

아, 그러셨군요.

라. 해 봅시다.

다음 사람들을 인터뷰해 보세요.

방송인, 따루 **씨**

1 어떻게 해서 한국어를 잘하게 되셨습니까?
2 한국에서 생활하면서 가장 기억에 남는 일은 무엇입니까?
3 한국어를 공부하는 학생들을 위한 조언 한 말씀 부탁드립니다.
4 ____________________

긴급 구호가, 한비야 **씨**

1 어떻게 해서 세계 여행을 시작하게 되셨습니까?
2 어떻게 해서 구호 활동을 시작하게 되셨습니까?
3 여행지에서 있었던 즐거웠던 일에 대해서 말씀해 주시겠습니까?
4 ____________________

마. '라'에서 이야기한 것을 써 봅시다.

유명인과 인터뷰를 해 보세요

준비 진행자와 초대 손님을 뽑고 손님에게 할 질문을 같이 준비하세요.

활동
1. 한 명은 진행자, 한 명은 초대 손님이 됩니다.
2. 초대 손님을 인터뷰 하세요.
3. 인터뷰가 끝나면 역할을 바꿔서 해 보세요.

배우, ______

1. 영화배우가 된 계기
2. 인기를 얻게 된 이유
3. 영화배우가 되고 싶어하는 사람에게 조언
4. ______
5. ______

정리 초대 손님들 중에서 좀 더 알아보고 싶은 사람에 대해 이야기해 보세요.

학습 유형

여러분은 어떤 방법으로 공부합니까?

☐ 혼자 공부하는 것을 좋아한다.

☐ 친구들과 같이 공부하는 것을 좋아한다.

☐ 모르는 단어가 나오면 꼭 사전을 찾아본다.

☐ 모르는 단어가 있어도 사전을 찾지 않는다.

☐ 공부한 것은 하나하나 자세하게 기억한다.

☐ 자세한 것은 기억나지 않지만 전체적으로 무슨 내용인지 이해한다.

여러분은 어떤 방법으로 공부하는지 여러분의 학습 유형을 알아봅시다.

1) 여러분에게 해당되는 것에 ✓표시하십시오.

A

① 나는 행동하기 전에 먼저 깊이 생각해 본다. (   )

② 나는 행동을 먼저 하고 생각은 나중에 한다. (   )

③ 나는 혼자 공부하는 것을 더 좋아한다. (   )

④ 나는 다른 친구들과 같이 공부하는 것을 더 좋아한다. (   )

⑤ 나는 한국어를 말할 때 머리 속으로 문법을 생각해 보고 나서 문장을 말한다. (   )

⑥ 나는 한국어를 말할 때 문법이 틀리는 것을 두려워하지 않는다. (   )

⑦ 나는 말하기 전에 먼저 생각을 정리한다. (   )

⑧ 나는 생각나는 대로 그냥 말한다. (   )

⑨ 나는 한국어로 말할 때 틀려도 선생님이 바로 고쳐 주지 않는 것이 좋다. (   )

⑩ 나는 한국어로 말할 때 틀리면 선생님이 바로 고쳐 주는 것이 좋다. (   )

⑪ 나는 한국어로 말할 때 실수하면 부끄럽다고 생각하기 때문에 정확한 문장으로 말하려고 노력한다. (   )

⑫ 나는 외국어는 실수하면서 배우는 것이라고 생각하기 때문에 틀리게 말해도 부끄럽게 생각하지 않는다. (   )

홀수 (   )개   짝수 (   )개

2) 홀수가 많으면 '생각형'이고 짝수가 많으면 '행동형'입니다.

여러분은 어떤 유형입니까? ____________________

여러분의 학습 유형을 알아봅시다.

1) 여러분에게 해당되는 것에 √표시하십시오.

B

① 나는 새 책을 볼 때 처음부터 순서대로 보는 것을 좋아한다. (　　)

② 나는 새 책을 볼 때 전체 내용을 먼저 알아본 후 관심이 있는 부분을 본다. (　　)

③ 나는 글을 읽을 때 모르는 단어가 나오면 꼭 사전을 찾아본다. (　　)

④ 나는 글을 읽을 때 모르는 단어가 있어도 사전을 찾지 않고 먼저 전체 내용을 이해하려고 한다. (　　)

⑤ 나는 요약할 때 자세하게 하는 편이다. (　　)

⑥ 나는 요약할 때 중요한 것만 쓰는 편이다. (　　)

⑦ 나는 책을 읽고 나면 자세한 내용 하나하나가 생각난다. (　　)

⑧ 나는 책을 읽고 나면 줄거리만 생각난다. (　　)

⑨ 나는 전체 내용을 알더라도 자세한 것을 모르면 답답하다. (　　)

⑩ 나는 자세한 것은 모르더라도 전체 내용을 알면 괜찮다. (　　)

⑪ 나는 선생님이 설명할 때 처음부터 자세하게 해 주는 것을 좋아한다. (　　)

⑫ 나는 선생님이 설명할 때 중요한 내용만 간단하게 설명해 주는 것을 좋아한다. (　　)

홀수 (　　　)개　　짝수 (　　　)개

2) 홀수가 많으면 '순차형'이고 짝수가 많으면 '전체형'입니다.

여러분의 유형은 무엇입니까? ______________________

학습 유형 검사 결과

A

홀수가 많으면 생각형입니다.
짝수가 많으면 행동형입니다.

생각형

이 유형의 사람들은 먼저 생각을 깊이 해 본 후에 행동을 하는 편이다. 한국어를 말할 때 머리 속으로 먼저 문장을 생각한 후에 말을 한다. 혼자 공부하는 것을 더 좋아한다.

행동형

이 유형의 사람들은 먼저 어떤 일을 한번 해 본 후에 생각을 하는 편이다. 한국어를 말할 때 틀리는 것을 두려워하지 않는다. 그리고 다른 친구와 함께 공부하는 것을 더 좋아한다.

B

홀수가 많으면 순차형입니다.
짝수가 많으면 전체형입니다.

순차형

이 유형의 사람들은 책을 볼 때 처음부터 순서대로 보는 편이다. 글을 읽을 때에는 모르는 단어가 나오면 그 단어의 뜻을 먼저 알아보고 나서 전체 내용을 이해하려고 한다. 그리고 요약을 할 때에는 자세하게 하는 편이다.

전체형

이 유형의 사람들은 먼저 전체 내용이 무엇인지를 본 후에 관심이 있는 부분을 본다. 글을 읽을 때에는 모르는 단어가 있어도 사전을 찾지 않고 전체 내용을 이해하려고 한다. 그리고 요약을 할 때에는 중요한 것만 간단하게 쓰는 편이다.

가. 해당되는 것에 줄을 그으십시오.

생각형 •	• 글을 읽을 때 모르는 단어가 나올 때마다 사전을 찾는다.
행동형 •	• 머리 속으로 생각을 먼저 정리하고 나서 말한다.
순차형 •	• 생각하기 전에 행동부터 한다.
전체형 •	• 먼저 전체 내용이 무엇인지 본 후에 관심 있는 부분을 본다.

나. 묻고 대답하십시오.

1. '생각형'과 '행동형'은 어떻게 달라요?
2. '순차형'과 '전체형'은 어떤 점이 달라요?
3. '생각형'의 장점과 단점은 뭘까요? (자기 생각을 말해 보세요.)
4. '순차형'은 어떻게 공부하는 것이 좋을까요? (자기 생각을 말해 보세요.)

다. 다음 단어와 표현을 이용해서 읽은 내용을 말해 보십시오.

> 생각형은 먼저 생각을 깊이 해 본 후에 행동을 하는 편이에요.
> 그리고 혼자 공부하는 것을 더 좋아해요.

생각형 먼저 생각 / 깊이 해 보다 / 행동 / 하다 / 편이다. 그리고 / 혼자 / 공부하다 / 더 좋아하다

행동형 먼저 어떤 일 / 한번 해 보다 / 생각 / 하다 / 편이다. 그리고 / 다른 친구 / 공부하다 / 더 좋아하다

순차형 책을 보다 / 처음부터 순서대로 보다 / 편이다. 그리고 / 글을 읽다 / 모르는 단어 / 나오다 / 그 단어 / 뜻을 먼저 알아보다 / 전체 내용 / 이해하려고 하다

전체형 먼저 전체 내용 / 무엇인지 / 보다 / 관심 / 있다 / 부분을 보다. 그리고 / 요약하다 / 중요한 것 / 간단하다 / 쓰는 편이다

라. 해 봅시다.

같이 이야기해 보세요.

A: 자신의 학습 방법을 친구에게 자세히 이야기해 보세요. 그 학습 방법의 장점과 단점은 뭐예요?

B: 친구의 학습 방법을 듣고 장점과 단점을 생각해 보세요. 좀 더 효과적인 학습 방법을 친구에게 조언해 주세요.

마. 써 봅시다.

자신의 학습 방법에 대해서 쓰세요.

자신의 학습 유형에 맞는 효과적인 공부 방법과 그 학습 방법의 장점과 단점을 쓰세요.

탱화의 대가 브라이언 배리

아래 그림은 어디에서 볼 수 있습니까?

● 브라이언 배리 씨는 어떤 분입니까?

브라이언 배리 씨는
유명한 탱화 작가예요.
1967년에 자원봉사자로
한국에 오셨어요. 처음에
불교 공부를 하다가
우연히 탱화를 알게
됐는데, 그때부터 탱화의
매력에 빠져서
만봉 스님에게 탱화를
배우게 되셨어요.

브라이언 배리 씨는 오랫동안 탱화를 그리면서 배운 것이 무엇이라고 했습니까?

문화 산책

탱화의 대가 브라이언 배리

탱화 작가로 활동하고 있는 미국인 브라이언 배리 씨는 1967년에 자원봉사자로 한국에 와서 40년 넘게 한국에서 살고 있다. 그는 한국 탱화를 그린 지 20년이 넘었는데 그의 이름이 한국뿐만 아니라 외국에도 알려져 미국이나 인도네시아, 태국 등에서도 그가 그린 탱화를 만나 볼 수 있다.

브라이언 배리 씨는 한국 불교를 공부하다가 우연히 탱화를 알게 되었다. 그때부터 탱화의 매력에 빠져 10년 동안 만봉 스님에게서 탱화를 배웠다.

그러나 탱화 작가가 되는 길은 쉽지 않았다. 초급, 중급, 고급의 각 급마다 3천 장씩 탱화를 그려야 했다. 처음에는 탱화를 얇은 종이 밑에 놓고 그대로 베끼면서 천 장을 그려야 했다. 그 다음에는 탱화를 옆에 놓고 보면서 천 장을 똑같이 그려야 했고 마지막에는 탱화를 보지 않고 천 장을 똑같이 그려야 했다. 이렇게 3천 장을 다 그려야 다음 급으로 올라갈 수 있었다. 처음에는 한 장을 그리는 데 한 시간이 넘게 걸렸다. 그런데 나중에 익숙해졌을 때에도 한 시간에 세 장 이상은 그릴 수 없었다. 이렇게 시간이 많이 걸리는 이유는 빨리 그리는 것보다 잘 그리는 것이 중요하기 때문이었다.

브라이언 배리 씨는 똑같은 그림을 수천 장씩 그리는 동안 그 과정이 힘들어서 그만두려고 했던 적도 있었다. 하지만 그럴 때마다 더 잘 그리고 싶은 마음이 생겨서 포기하지 않고 끝까지 계속했다. 그가 그렇

가. 맞으면 O, 틀리면 X 하십시오. 알 수 없으면 △ 하십시오.

❶ 브라이언 배리 씨는 한국 탱화를 배우다가 그 매력에 빠져서 불교를 공부하기로 결심했다. (　　　　)

❷ 탱화를 배울 때는 초급 과정이 고급 과정보다 더 어렵다. (　　　　)

❸ 브라이언 배리 씨는 탱화를 배우는 과정이 어렵고 힘들어서 중간에 포기했던 적이 있다. (　　　　)

❹ 브라이언 배리 씨는 먼저 언어를 잘 배우고 나서 문화를 배우는 것이 좋다고 했다. (　　　　)

❺ 브라이언 배리 씨는 좋아하는 일을 열정을 가지고 오랫동안 했기 때문에 유명해졌다. (　　　　)

게 오랫동안 탱화를 그리면서 배운 것은 아무리 힘들어도 중간에 포기하지 않는 것이었다. 그리고 탱화를 처음 그리기 시작했을 때 가졌던 초심을 잃지 않는 것이었다.

브라이언 배리 씨는 한국어를 공부하는 사람들을 위해서 다음과 같은 조언도 해 주었다. "저는 다른 나라의 언어를 배우려면 먼저 그 나라 문화를 이해해야 한다고 생각합니다. 문화를 좋아하고 즐기면 언어를 쉽게 배울 수 있어요. 그리고 그 나라 문화 중에서 관심이 있는 것을 찾아서 그 나라 말로 읽고 얘기하다 보면 언어 실력이 많이 늘 겁니다." 그리고 언어를 배울 때에도 탱화를 배울 때처럼 힘들어도 포기하지 않고 초심을 지키는 것이 중요하다고 다시 한 번 강조했다.

브라이언 배리 씨가 유명한 탱화 작가가 된 것은 하루아침에 이루어진 것이 아니었다. 20년이라는 긴 시간 동안 자신이 좋아하는 일을 열정을 가지고 한 결과였다. 인터뷰하는 동안 기자는 그가 한국을 진심으로 사랑한다는 것을 느낄 수 있었다.

김소영 기자 kimsy@sogang.ac.kr

나. 묻고 대답하십시오.

❶ 브라이언 배리 씨는 어떤 사람이에요?

❷ 브라이언 배리 씨는 왜 탱화를 그리는 데 시간이 많이 걸린다고 했어요?

❸ 브라이언 배리 씨는 탱화를 배우는 것이 힘들었지만 중간에 포기하지 않은 이유를 뭐라고 했어요?

❹ 브라이언 배리 씨는 한국어를 공부하는 사람들한테 뭐라고 조언했어요?

❺ 브라이언 배리 씨는 언어를 배울 때나 탱화를 배울 때 중요한 것이 뭐라고 했어요?

2 읽고 말하기②

다. 다음 단어와 표현을 이용해서 읽은 내용을 말해 보십시오.

브라이언 배리

탱화를 그리게 된 동기
불교 공부, 탱화,
매력에 빠지다

→

탱화 작가가 되는 과정
초급, 베끼다,
중급, 고급

↓

탱화를 그리면서 배우게 된 것
포기하지 않는 것,
초심을 잃지 않는 것

←

한국어를 배우는 사람들에게 한 조언
문화를 이해하다, 읽고 이야기하다

라. 해 봅시다.

[활동1] 역할극을 해 보세요.

A: 기자예요. 브라이언 배리를 인터뷰해 보세요.

B: 브라이언 배리예요. 기자의 질문에 대답을 해 보세요.

[활동2] 같이 이야기해 보세요.

여러분은 어떤 일의 대가가 되고 싶어요?

마. 써 봅시다.

'라'에서 이야기한 내용으로 인터뷰 기사를 쓰세요.

단원 정리

듣고 말하기 ❶

이야기를 나누다
꾸준히
운영하다
관심을 가지다
격려하다
용기가 생기다
인기상을 타다
상금
조언 한 말씀 부탁드립니다
완벽하다
생활 속에서

듣고 말하기 ❷

인기를 모으다
개그맨
대사
표정
동작
감정을 전달하다
훈련하다
-을 꿈꾸다
무대에 서다
과정이 힘들다
원하다
박수

읽고 말하기 ❶

유형
자세하게
전체적으로
머리 속으로
-을 두려워하다
생각나는 대로
틀리게 말하다
순서대로
요약하다
줄거리
답답하다

읽고 말하기 ❷

불교
-의 매력에 빠지다
초급, 중급, 고급
얇다
베끼다
포기하다
초심
언어
열정
진심으로 사랑하다

3

격식체 말하기 발표하기

제 발표 주제는 즐겨 가는 장소입니다. 지금 보시는 것은 일산에 있는 호수 공원입니다.

지금부터 발표를 시작하겠습니다

한국어로 발표를 해 본 적이 있습니까?

- 유스케 씨가 수업 시간에 학생들 앞에서 가수 김광석 씨의 '이등병의 편지'에 대해서 발표를 합니다.

안녕하세요? 일본에서 온
사와다 유스케입니다.
지금부터 발표를 시작하겠습니다.
발표 주제는 제가 좋아하는
한국 노래입니다.
여러분, 한국 가요를 좋아하세요?
어떤 노래를 좋아하세요?
제가 좋아하는 한국 노래는
김광석 씨가 불렀던
'이등병의 편지'입니다.

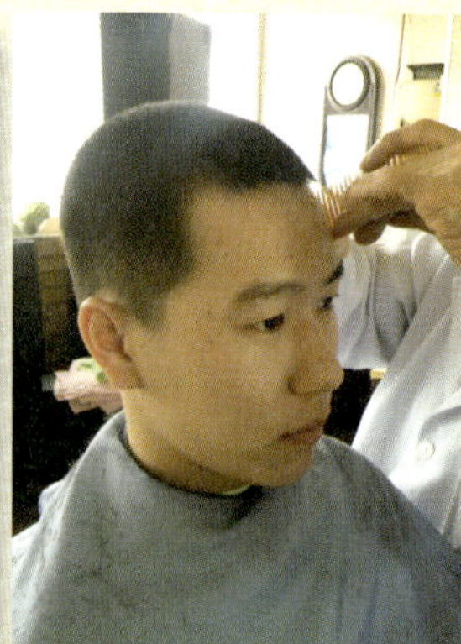

한국 사람들은 누구에게 '이등병의 편지'를 불러 줍니까? 10

가. 맞으면 O, 틀리면 X, 알 수 없으면 △ 하십시오.

❶ 김광석 씨는 한국에서 유명한 가수다. (   )

❷ 유스케 씨는 한국에 왔을 때 김광석 씨 음반을 선물 받았다. (   )

❸ 유스케 씨는 일본에 돌아간 후 김광석 씨 음반을 자주 들었다. (   )

❹ 유스케 씨는 연습을 많이 하고 친구 앞에서 불러 줬다. (   )

❺ 유스케 씨의 친구는 유스케 씨의 노래를 듣고 눈물을 흘렸다. (   )

나. 묻고 대답하십시오.

❶ 김광석 씨는 어떤 사람이에요?

❷ 유스케 씨는 김광석 씨의 음반을 왜 샀어요?

❸ 유스케 씨는 김광석 씨의 목소리가 어땠다고 했어요?

❹ 유스케 씨의 한국 친구는 '이등병의 편지'가 어떤 노래라고 했어요?

❺ 유스케 씨는 왜 이 노래에 아쉬움이 남아 있어요?

다. 잘 듣고 빈칸을 채우십시오. 11

김광석 씨는 한국 사람치고 모르는 사람이 없을 만큼 유명한 가수인데 서른 두 살에 갑자기 ① ________________고 합니다. 그래서 한국 사람들이 이 가수를 ② ________________ 것 같습니다.

라. 잘 듣고 따라하십시오. (끊어 읽기) 12

한국 친구가 이 노래는 한국에서 군대에 가는 사람을 위해 친구들이 불러 주는 노래라고 했습니다. 친구가 가사의 뜻을 알려줬는데 의미를 알고 나서 이 노래를 더 좋아하게 됐습니다.

마. 대본을 읽으면서 격식체를 연습해 보십시오. P185

바. 다음 단어와 표현을 이용해서 말해 보십시오.

김광석 씨 / 한국 사람치고 모르는 사람이 없다 / 유명한 가수예요.

'이등병의 편지'는 / 한국에서 군대에 가는 사람 / 친구들이 불러 주다 / 노래예요.

사. 해 봅시다.

다음은 '이등병의 편지' 가사입니다. 노래를 듣고 가사의 의미를 알아보세요.

집 떠나와 열차 타고 훈련소로 가던 날
부모님께 큰절하고 대문 밖을 나설 때
가슴 속에 무엇인가 아쉬움이 남지만
풀 한 포기 친구 얼굴 모든 것이 새롭다
이제 다시 시작이다 젊은 날의 생이여

친구들아 군대 가면 편지 꼭 해다오
그대들과 즐거웠던 날들을 잊지 않게
열차 시간 다가올 때 두 손 잡던 뜨거움
기적 소리 멀어지면 작아지는 모습들
이제 다시 시작이다 젊은 날의 꿈이여

짧게 잘린 내 머리가 처음에는 우습다가
거울 속에 비친 내 모습이 굳어진다 마음까지
뒷동산에 올라서면 우리 마을 보일런지
나팔 소리 고요하게 밤하늘에 퍼지면
이등병에 편지 한 장 고이 접어 보내오

이제 다시 시작이다 젊은 날의 꿈이여

김광석(1964.1.22.~ 1996.1.6.)
대표곡으로 〈이등병의 편지〉, 〈사랑했지만〉, 〈거리에서〉, 〈서른 즈음에〉 등이 있다. 1996년 갑자기 세상을 떠나 많은 사람에게 충격을 주었다.

격식체 말하기, 발표하기

1 격식체 말하기

p 10

1) 언제 격식체를 사용합니까? 다음 표현은 어떤 상황에서 사용되는 격식체입니까?

안내 방송

내리실 문은 오른쪽입니다.
내리실 때 조심하시기 바랍니다.

제 발표 주제는 "즐겨 듣는 노래"입니다.

지금부터 9시 뉴스를 보내 드리겠습니다.

왜 우리 회사에 지원하셨습니까?

비밀번호를 눌러 주십시오.

뉴스 방송　　회사 면접　　발표　　현금 인출기

2) 학생 발표문의 일부입니다. '한국의 이미지'에 대해서 말하고 있습니다.
다음을 격식체로 바꿔서 말해 보세요.

첫 번째 이미지는 '매워 매워'예요. 한국 사람은 매운 음식을 좋아하는 것 같아요. 김치, 떡볶이, 닭갈비 등 매운 음식의 종류가 아주 많아요. 이렇게 매운 음식을 많이 먹으니까 한국 사람들이 열정적인 것 같아요. 2002년 월드컵에서 보여 주었던 한국 사람들의 열정도 매운 음식 때문이 아닐까요? 그런데 저는 한국에 온 지 1년이 다 됐지만 아직도 매운 음식을 잘 못 먹어요.

2 발표 표현

p 10

1) 발표를 시작할 때 쓰는 표현을 연습해 보세요.

지금부터 발표를 시작하겠습니다. 발표 주제는 ______________ 입니다.
지금부터 발표를 시작하겠습니다. 저는 ______________ 에 대해 발표하려고 합니다.

2) 시각 자료를 사용할 때는 쓰는 표현을 연습해 보세요.

지금 보시는 것은 ______________ 입니다. (설명)
다음을 보시면 ______________ 이/가 있는데 (설명)

열정적이다
시각 자료

3) 발표를 끝낼 때 쓰는 표현을 연습해 보세요.

이것으로 발표를 마치겠습니다. 들어 주셔서 감사합니다.

제 발표는 여기까지입니다. 들어 주셔서 감사합니다.

4) 다음 슬라이드를 이용해서 격식체와 발표 표현들을 연습해 보세요.

[주제 1] 한국의 대표적인 계절 간식

한국의 여름 간식, 팥빙수

팥과 얼음으로 만들어 달콤하고 시원하게 먹을 수 있다. 요즘은 팥 대신에 과일 등을 넣어서 만든 빙수도 인기가 많다.

한국의 겨울 간식, 붕어빵

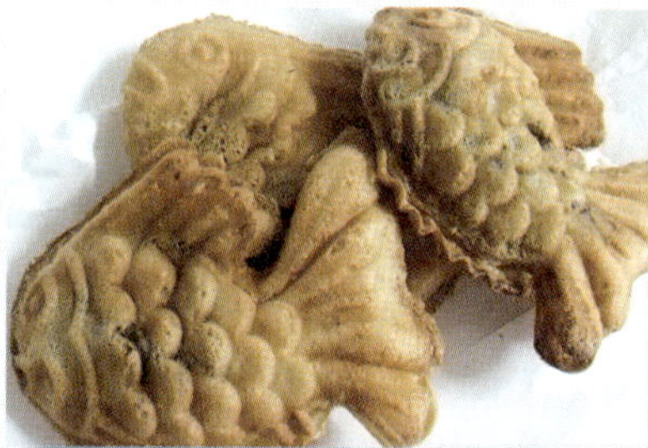

겨울에 먹을 수 있는 거리 음식이다. 물고기 모양처럼 생겨서 '붕어빵'이라고 부른다. 안에는 팥이 들어 있다.

[주제 2] 내가 좋아하는 한국 노래

가수, 김광석 씨

한국 사람치고 모르는 사람이 없을 만큼 유명하다. 1996년에 갑자기 세상을 떠났다.

영화, 공동경비구역 JSA

이 영화에 '이등병의 편지'가 나온다. 김광석 씨의 슬프고 독특한 목소리와 영화가 잘 어울린다.

종합 연습

앨리슨 씨의 발표문입니다. 발표 표현을 사용해서 빈칸을 완성하고 친구와 낭독해 보세요.

안녕하세요? 앨리슨입니다. ______________________________.
발표 주제는 '한국의 이미지'입니다. 여러분은 '한국' 하면 뭐가 제일 먼저 떠오릅니까?
오늘 여러분께 제가 생각하는 한국의 이미지 두 가지를 말씀드리려고 합니다.

첫 번째 이미지는 '매워 매워'입니다. 한국 사람은 매운 음식을 좋아하는 것 같습니다.
________________ 한국 사람들이 즐겨 먹는 음식들입니다. 한국에는 김치, 떡볶이, 닭갈비 등
매운 음식의 종류가 아주 많습니다. 이렇게 매운 음식을 많이 먹으니까 한국 사람들이 열정적인 것 같습니다.
2002년 월드컵에서 보여 주었던 한국 사람들의 열정도 매운 음식 때문이 아닐까요?
그런데 저는 한국에 온 지 1년이 다 됐지만 아직도 매운 음식을 잘 못 먹습니다.

두 번째 이미지는 '우리'입니다. 한국 사람들은 '우리'를 정말 좋아하는 것 같습니다.
________________ 한국 사람들이 자주 쓰는 단어들이 있는데 '우리 나라, 우리 집, 우리 반,
우리 엄마'처럼 '우리'라는 단어를 많이 사용합니다. 저는 처음에 '우리 아내', '우리 남편'이라는 말을 들었을 때
깜짝 놀랐습니다. 그런데 한국에 살면서 한국 사람들이 '우리'라는 말을 많이 쓰는 이유를 알게 됐습니다.
그것은 '나 혼자'보다는 '모두'를 생각하는 마음이 크기 때문인 것 같습니다. 이제는 저도 '우리'라는 말을 즐겨
쓰게 됐습니다.

여러분들도 이상하다고 느끼는 한국의 모습이 있습니까? 처음에는 이상하게 보이는 것들도 마음을 열고
생활하면 익숙해지고 좋아하게 될 겁니다. 한국에서 생활하면서 여러분들도 한국 문화를 좋아하게 되기를
바랍니다. ______________________________.

떡볶이에 대해 발표하려고 합니다

여러분이 즐겨 먹는 한국 음식은 무엇입니까?

● 페이 씨가 수업 시간에 학생들 앞에서 한국 대표 간식, 떡볶이에 대해서 발표를 합니다.

❶ 떡볶이의 역사

- 떡 산적
- 떡, 쇠고기, 야채를 꼬치에 끼워 구워 먹는 음식

❷ 고추장 떡볶이

?

❸ 궁중 떡볶이

- 조선시대 궁중 음식, 맵지 않음
- 떡, 쇠고기, 야채를 간장에 볶음

❹ 떡볶이 만드는 방법(2인분)

재료》

떡, 어묵, 양파, 파
삶은 계란, 치즈

양념》

물(1컵), 고추장(한 큰 술 반)
물엿(1큰 술), 설탕(1큰 술)
간장(1큰 술)

1. 물, 양념을 팬에 넣고 섞으면서 끓인다. 끓이는 동안 양파, 파를 얇게 썰고 어묵도 5cm로 썬다.
2. 끓인 양념에 떡, 양파를 넣고 2분 동안 끓인다. 파, 어묵, 삶은 계란을 넣는다.
3. 양념이 걸쭉해지면 불을 끄고 참깨나 치즈를 넣는다.

발표를 들으면서 슬라이드 4장의 순서를 써 보십시오. 13

(❶ → → →)

가. 다시 들으면서 ❷ 슬라이드에 메모해 보십시오.

나. 띄어 읽기에 주의해서 발표문을 낭독해 보십시오. P185

다. 지난 시간에 배운 발표 표현들을 정리해 보십시오.

라. 해 봅시다.

[활동1] 네 명이 한 팀이 됩니다. 슬라이드를 하나씩 선택해서 발표해 보세요.

[활동2] 여러분도 다음 중에서 한 주제를 골라서 발표를 준비해 보세요.

① 내가 즐겨 먹는 음식 ② 내가 즐겨 하는 것 ③ 내가 즐겨 듣는 노래

마. 발표문을 써 봅시다.

Tip
발표할 때 유용한 표현
1. 순서를 말할 때
먼저, 다음으로, 마지막으로
2. 나열할 때
첫째, 둘째, 셋째
3. 질문을 끌어낼 때
궁금한 점이 있으십니까?
질문이 있으신 분은 말씀해 주십시오.

3분 발표를 해 보세요

준비

1. 발표 순서를 정하세요.
2. 시각 자료가 있는 발표자는 자료를 미리 준비해 놓으세요.

활동

1. 한 명씩 앞에 나와서 3분 동안 발표를 합니다.

2. 발표를 듣는 학생들은 친구의 발표를 평가해 주세요.

친구의 발표를 듣고 평가해 주세요

1. 시각 자료를 잘 활용했습니까?
2. 발음은 자연스럽습니까?
3. 시간을 잘 지켰습니까?
4. 발표 태도는 좋았습니까?

친구에게 해 주고 싶은 말

____

____

정리

1. 이번 시간에 들었던 발표 중에서 어떤 발표가 좋았어요? 제일 좋았던 발표를 뽑아 보세요.
2. 발표하면서 좋았던 점과 어려웠던 점에 대해서 이야기해 보세요.

발표를 잘하는 방법

발표에서 제일 중요한 것은 무엇이라고 생각합니까?

- □ 흥미로운 주제를 선택하는 것
- □ 듣는 사람에게 새로운 정보를 줄 수 있는 것
- □ 발표를 재미있게 하는 것
- □ 듣는 사람들과 눈을 맞추는 것
- □ 정해진 시간 안에 끝내는 것

● 발표를 하려고 합니다. 어떻게 준비하면 좋을지 순서대로 말해 보세요.

발표를 잘하려면 어떻게 준비해야 할까요?

(②) - ( ) - ( ) - ( )

발표를 할 때 주의해야 할 것은 무엇입니까?

1. 발표 준비하기

발표를 준비할 때는 먼저 무엇을 발표할지 주제를 결정해야 합니다. 발표 주제는 발표자뿐만 아니라 듣는 사람들도 관심을 가질 수 있는 것이어야 합니다. 그러므로 듣는 사람들의 나이나 성별, 직업, 관심 분야 등을 미리 알아보고 주제를 결정해야 합니다.

주제를 정한 다음에는 주제에 맞는 자료들을 수집해야 합니다. 주제와 관련된 내용의 설문 조사를 할 수도 있고, 도서관이나 인터넷에서 자료를 구할 수도 있습니다. 그리고 발표할 때 듣는 사람들이 쉽게 이해할 수 있도록 사진이나 그림, 동영상 자료를 준비하면 좋습니다. 그러나 이런 자료들이 너무 많으면 좋지 않습니다.

2. 발표문 쓰기

발표문을 쓸 때는 준비한 자료들을 순서에 맞게 잘 정리해서 써야 합니다. 발표문은 크게 서론, 본론, 결론으로 구성합니다. 서론에서는 듣는 사람들이 자신의 발표에 관심을 가질 수 있게 자신의 경험이나 재미있는 이야기를 쓰는 것이 좋습니다. 본론에서는 발표에서 자신이 말하고 싶은 내용들을 써야 합니다. 내용은 재미있고 유익해야 합니다. 그러나 여러 가지 이야기를 많이 쓰는 것보다 말하려고 하는 내용을 중심으로 쉽게 쓰는 것이 좋습니다. 결론에서는 앞에서 말한 내용들을 요약하거나 자신이 가장 강조하고 싶은 것을 씁니다.

3. 발표하기

발표를 할 때는 또박또박 말해야 합니다. 내용을 효과적으로 전달하려면 강조할 부분에서는 크고 강하게 말하는 것이 좋고, 어려운 부분에서는 천천히 말하는 것이 좋습니다. 또한 발표할 때는 듣는 사람들이 쉽게 이해할 수 있도록 시각 자료를 사용하는 것이 좋습니다. 시각 자료를 사용해서 발표하면 말로만 설명할 때보다 발표 내용을 효과적으로 전달할 수 있습니다.

그리고 다음과 같은 점을 주의해야 합니다. 첫째, 불필요한 말을 하거나 헛기침을 자주 하면 좋지 않습니다. 둘째, 몸을 자연스럽게 움직이는 것은 좋지만 너무 많이 움직이면 듣는 사람들이 발표에 집중할 수 없습니다. 마지막으로, 준비한 발표문을 보고 읽지 말고 듣는 사람들을 보면서 이야기하는 것이 좋습니다. 그러기 위해서는 발표문 없이 발표할 수 있게 충분히 연습해야 합니다.

가. 읽고 메모하십시오.

〈발표를 준비할 때〉

- 주제 정하기
- 자료 수집

〈발표문을 쓸 때〉

- 서론
- 본론
- 결론

〈발표를 할 때〉

- 효과적인 전달방법
- 주의할 점

나. 묻고 대답하십시오.

❶ 발표 주제는 어떤 것이 좋아요?

❷ 발표에 필요한 자료는 어떻게 구할 수 있어요?

❸ 발표문은 어떻게 쓰는 것이 좋아요? (서론, 본론, 결론)

❹ 발표를 할 때 어떻게 해야 내용을 잘 전달할 수 있어요?

❺ 발표를 할 때 주의할 점이 뭐예요? (세 가지)

다. 다음 단어와 표현을 이용해서 읽은 내용을 말해 보십시오.

듣는 사람이 관심을 가질 만한 주제를 정한 다음 주제에 맞는 자료를 수집해야 해요.

1. 주제 정하기·자료 수집하기

듣는 사람 / 관심을 가지다 / 주제 / 정하다 / 주제에 맞다 / 자료 / 수집하다

2. 발표문 쓰기

준비하다 / 자료 / 순서 / 정리하다 / 쓰다 / 서론, 본론, 결론 / 구성하다

3. 발표하기

내용 / 효과적 / 전달하다 / 강조할 부분 / 크다 / 강하다 / 어렵다 / 부분 / 천천히 / 말하다 / 좋다

라. 해 봅시다.

같이 이야기해 보세요.

- 발표하기 전에는 누구나 긴장을 합니다. 어떻게 하면 긴장을 풀 수 있을까요?
- 발표를 할 때 어떻게 하면 듣는 사람들이 발표에 집중하게 할 수 있을까요?
- 발표를 들을 때는 어떻게 하는 것이 좋을까요?

Tip

발표 들을 때는

1. 발표자를 보고 이야기에 집중하면서 듣는다.

2. 메모하면서 듣는다.

3.

마. 써 봅시다.

말하기 시간에 발표할 발표문을 쓰세요.

한국의 돈

한국의 지폐와 동전을 자세히 본 적이 있습니까?

● 다음은 한국 돈 지폐에 그려져 있는 인물입니다. 맞게 연결해 보십시오.

율곡 이이(1536~1584)
조선 시대 학자, 정치가.
사회문제에 대해
해결하려고 노력함.

퇴계 이황(1501~1570)
조선 시대 학자.
유학을 연구하고 교육
하는 일에 힘을 다함.
성균관과 도산서원에서
제자를 가르침.

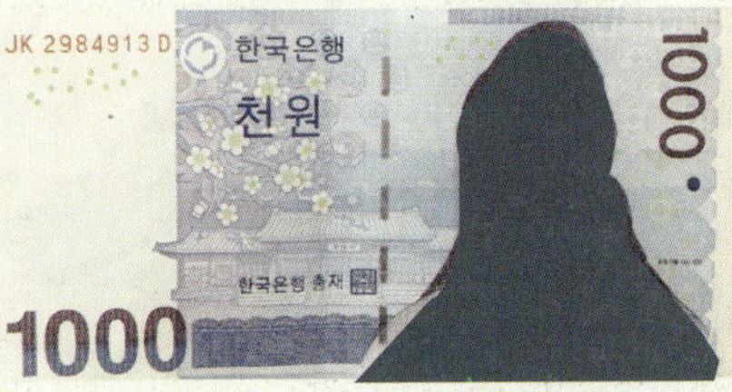

세종대왕(1397~1450)
조선 시대 네 번째 왕.
한글, 해시계와 물시계 발명.
정치, 경제, 과학, 예술
모든 면에서 업적을 남김.

다음은 루이의 발표문입니다. 루이 씨는 발표를 준비하면서 무엇을 알게 되었다고 했습니까? (세 개)

안녕하세요? 저는 프랑스에서 온 루이입니다

지금부터 발표를 시작하겠습니다. 저는 한국 돈 천 원, 오천 원, 만 원짜리 지폐에 대해서 발표하려고 합니다. 여러분, 혹시 한국 돈을 자세히 본 적이 있습니까? 한국 지폐에 누가 그려져 있는지 아십니까? 저는 오늘 발표를 위해 조사하면서 알게 된 것 세 가지를 말씀 드리겠습니다.

첫째, 한국 돈에는 한국 사람들이 존경하는 인물이 그려져 있습니다. 만 원짜리 지폐에는 여러분도 잘 알고 있는 세종대왕이 그려져 있습니다. 그리고 천 원짜리에는 퇴계 이황, 오천 원짜리에는 율곡 이이가 그려져 있습니다. 이분들의 공통점은 학문을 연구하고 더 나은 사회를 만들기 위해 노력한 조선 시대 인물이라는 것입니다. 이분들에 대한 한국 사람들의 마음은 지폐에서뿐만 아니라 다른 곳에서도 나타납니다. '세종로, 퇴계로, 율곡로'와 같이 도로의 이름에서도 볼 수 있고, 도시 이름이나 건물 이름에서도 쉽게 찾아볼 수 있습니다.

둘째, 한국 돈을 자세히 보면 조선 시대 의복 문화도 알 수 있습니다. 발표를 준비하면서 알게 된 재미있는 사실 하나를 소개하겠습니다. 여러분 천 원, 오천 원, 만 원에 나오는 인물들이 모두 모자를 쓰고 있다는 것을 아십니까? 그런데 세 분 모두 조선 시대 사람이지만 쓰고 있는 모자가 다 다릅니다. 모자를 보면 그때 사람들의 신분과 역할을 알 수 있다고 합니다. 세종대왕이 쓴 모자는 왕이 일을 할 때 쓰던 모자이고 율곡 이이가 쓴 모자는 관리들이 일을 할 때 쓰던 모자입니다. 퇴계 이황이 쓴 모자는 학자들이 학문을 연구할 때 쓰던 것입니다. 조선 시대에는 상황에 맞게 다양한 모자를 쓰는 것이 중요했다고 합니다.

셋째, 한국 돈에는 재미있는 숨은 그림이 많습니다. 만 원짜리 지폐를 한번 보세요. 어떤 그림이 보입니까? 왼쪽의 반짝이는 부분을 움직이면 한국 지도, 숫자, 태극 무늬 등 여러 가지 그림이 나타나는 것을 볼 수 있습니다. 그리고 돈을 들어서 비춰 보세요. 왼쪽에 세종대왕의 얼굴과 숫자가 나타납니다. 이런 것들은 위조 지폐를 방지하기 위해 만들었다고 합니다. 여러분이 가지고 있는 돈이 위조 지폐인지 아닌지 간단하게 확인하려면 돈을 들어서 비춰 보거나 반짝이는 부분을 움직여 보세요. 위조 지폐인지 아닌지 확인할 수 있을 겁니다.

제가 준비한 내용은 여기까지입니다. 저는 한국 돈에 대해 발표를 준비하면서 한국을 더 알게 되어 재미있었습니다. 제 발표가 여러분에게도 도움이 됐으면 좋겠습니다. 이것으로 제 발표를 마치겠습니다.

부족한 발표를 들어 주셔서 감사합니다.

가. 맞으면 O, 틀리면 X 하십시오.

❶ 루이 씨는 발표를 준비하면서 알게 된 것을 네 가지로 정리했다. (　　　)

❷ 한국 지폐에 그려져 있는 인물은 더 좋은 사회를 만들기 위해 노력한 분들이다. (　　　)

❸ 지폐에 그려져 있는 인물의 이름은 길거리 이름에서만 볼 수 있다. (　　　)

❹ 한국 지폐를 보면 옛날 조선 시대 사람들의 의복 문화를 알 수 있다. (　　　)

❺ 재미있는 돈을 만들기 위해 숨은 그림을 그려 넣었다. (　　　)

나. 묻고 대답하십시오.

❶ 루이 씨가 발표를 준비하면서 알게 된 것이 뭐예요? (세 가지)

❷ 한국 지폐에 그려져 있는 인물들의 공통점이 뭐예요?

❸ 한국 지폐에 그려져 있는 인물들이 쓰고 있는 모자를 통해 무엇을 알 수 있어요?

❹ 만 원짜리 지폐에는 어떤 그림들이 숨어 있어요?

❺ 위조 지폐인지 아닌지 확인하려면 어떻게 해야 해요? (두 가지)

다. 슬라이드를 하나 골라서 발표해 보십시오.

첫째, 한국 돈에는
한국 사람들이 존경하는
인물이 그려져 있습니다.

한국 사람들이 존경하는 인물

세종대왕

율곡 이이

퇴계 이황

공통점: 학문을 연구함
더 나은 사회를 만들기 위해 노력함
조선 시대의 인물임

둘째, 한국 돈을 자세히 보면 조선 시대 의복 문화도 알 수 있습니다.

조선 시대 의복 문화

왕이 일할 때 씀

관리가 일할 때 씀

학자가 연구할 때 씀

만 원짜리 지폐의 숨은 그림

⇒ 위조 지폐 / 방지하다

셋째, 한국 돈에는 재미있는 숨은 그림이 많습니다.

라. 해 봅시다.

[활동1] 한국 지폐 오만 원에 그려져 있는 인물에 대해 조사해 보세요.

신사임당 (1504~1551)
조선 시대 예술가
율곡 이이의 어머니
한국의 대표적인 현모양처

[활동2] 같이 이야기해 보세요.

여러분 나라의 돈에는 어떤 그림이 그려져 있어요?

마. 써 봅시다.

'라'에서 조사한 것이나 이야기한 것으로 발표문을 쓰세요.

단원 정리

듣고 말하기 1

발표 주제
이등병
한국 사람치고 모르는 사람이 없다
세상을 떠나다
그리워하다
즐겨 듣다
(목소리가) 독특하다
군대에 가다
가사
의미
입대하다
아쉬움이 남다
더욱
들려주다

듣고 말하기 2

(재료를) 꼬치에 끼우다
구워 먹다
왕
양반
뿐만 아니라
끓이다
썰다
(양념이) 걸쭉해지다

읽고 말하기 1

그러므로
관심 분야
수집하다
설문 조사
동영상
서론
본론
결론
구성하다
또박또박 말하다
효과적으로
시각 자료
불필요하다
헛기침
자연스럽게
집중하다
충분히

읽고 말하기 2

지폐
존경하다
인물
공통점
학문
연구하다
신분
역할
숨은 그림
반짝이다
숫자
(빛에) 비추다
위조 지폐
방지하다

4

거정 말하기
의견 말하기

나. 묻고 대답하십시오.

❶ 루이 씨는 룸메이트의 어떤 점 때문에 고민해요?

❷ 여자 진행자는 루이 씨에게 어떻게 하라고 조언했어요? (두 가지)

❸ 남자 진행자는 여자 진행자의 조언을 듣고 왜 인정이 없어 보인다고 했어요?

❹ '푸른 바다' 씨의 고민은 뭐예요?

❺ 여러분이라면 루이 씨와 '푸른 바다' 씨에게 어떻게 하라고 할 거예요?

다. 잘 듣고 빈칸을 채우십시오. 15

저는 요즘 얌체 같은 동료 때문에 고민하고 있어요. 우리 회사에서는 다섯 명이 한 팀이 돼서 일을 해요. 그런데 이 사람이 자기가 해야 할 일을 이런저런 ① ___________를 대면서 항상 ② _______ 저나 다른 사람들이 결국 그 일을 하게 돼요.

라. 잘 듣고 따라하십시오. (발음, 끊어 말하기) 16

한국에서는 콩 한 쪽도 나눠 먹는다는 말이 있는데 그렇게 하면 너무 인정이 없어 보이지 않을까요?

마. 대본을 실감나게 읽어 보십시오. P 187

바. 다음 단어와 표현을 이용해서 말해 보십시오.

여자 진행자는 냉장고 칸 / 나눠서 쓰다 / 음식 / 이름 / 쓰다 / 조언하다

남자 진행자는 우선 / 얌체 같은 동료 / 직접 / 얘기해 보다 / 좋을 것 같다 / 조언하다

사. 해 봅시다.

앞에서 들은 고민을 자기 고민인 것처럼 친구에게 말하는 역할극을 해 보세요.
고민을 들어주는 친구는 도움이 될 말을 해 주세요.

걱정 말하기, 의견 말하기

1 -을까 봐 p 12

A : 무슨 걱정 있어요? 얼굴이 안 좋아 보여요.
B : 다음 주에 토픽(TOPIK) 시험이 있는데 잘 못 볼까 봐 걱정이에요.

'-을까 봐'를 사용해서 말해 보세요.

1. [식당] 밥을 왜 조금밖에 안 먹어요?

(소리를) 줄이다

2. [교실] 왜 그렇게 큰 소리로 말해요?
3. [수업 후 커피숍] 왜 알렉스한테 거짓말했어요?
4. [수업 후 커피숍] 발표 날까지 한 달이나 남았는데 벌써 준비해요?
5. [기숙사 휴게실] 왜 TV 소리를 줄였어요? 잘 안 들려요?

2 -는 게 -을 것 같아요 p 13

A : 소풍을 어디로 갈까요?
B : 한강 어때요? 넓은 공간이 있어서 게임도 할 수 있고 자전거도 탈 수 있으니까 한강에 가는 게 좋을 것 같아요.

'-는 게 -을 것 같아요'를 사용해서 말해 보세요.

1. 스트레스를 줄이려면 어떻게 해야 해요? (좋다/중요하다/필요하다)

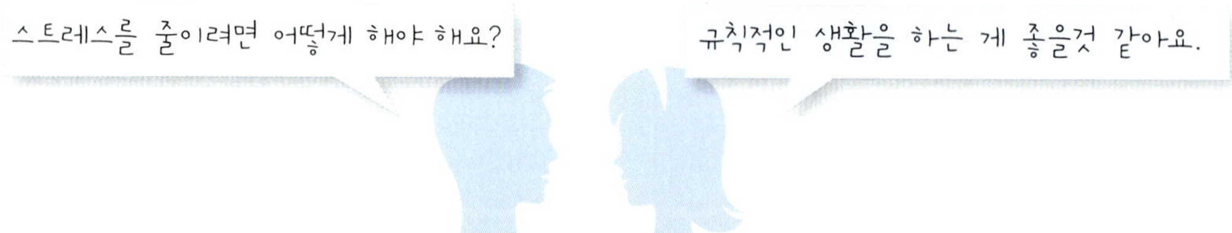

2. 어떤 학생에게 장학금을 줘야 할까요? (좋다/중요하다)
3. 사람을 사귈 때 뭐가 가장 중요할 것 같아요? (중요하다/필요하다)
4. 환경을 보호하려면 어떤 일을 하는 게 좋을까요? (중요하다)
5. 직업을 선택할 때 무엇을 가장 먼저 생각해야 해요? (좋다/필요하다/중요하다)

장학금
환경을 보호하다

3 -으면 -을수록

p 14

A : 룸메이트가 제 물건을 자기 것처럼 쓰는데 날이 가면 갈수록 더 심해져요.
B : 힘들겠어요.

'-으면 -을수록'을 사용해서 말해 보세요.

① 한국어를 (배우다) 점점 어려워져요.

② 그 영화는 여러 번 (보다) 더 감동적이에요.

③ 집이 지하철 역에서 (가깝다) 집세도 비싸요.

④ 나이가 (들다) 힘든 일도 많아지는 것 같아요.

⑤ 얌체같은 동료가 자꾸 핑계를 대는데 (듣다) 화가 나요.

종합 연습

알렉스 씨와 미카 씨가 쉬는 시간에 교실에서 이야기를 합니다.

문법을 사용해서 빈칸을 완성하고 친구와 연습해 보세요.

미 카 : 시험이 얼마 안 남았어요.

알렉스 : 맞아요. ____________ (날이 가다) 점점 단어가 많아져요. 어떡하죠? ____________ (시험을 잘 못 보다) 정말 걱정돼요.

미 카 : 지금부터 하면 되지요.

알렉스 : 단어 공부를 어떻게 해야 할까요?

미 카 : 혼자 그냥 읽으면서 외우는 것보다 ____________ (같이 공부하다, 좋다/낫다).
그리고 문법 책에 있는 예문을 ____________ (정리하다, 중요하다/필요하다).

알렉스 : 좋은 생각이에요! 같이 해요. 오늘부터 열심히 하면 되겠죠?

종합 연습의 대화로 역할극을 해 보세요.

A : 시험이 얼마 안 남아서 걱정합니다.
공부 방법에 대해 물어보세요.
B : 공부 방법에 대해 의견을 말해 보세요.

4 듣고 말하기 ❷

얼굴에 고민이 있다고 쓰여 있어

여러분은 고민이 있을 때 누구와 얘기합니까? 진로 문제로 고민한 적이 있습니까?

● 루이와 승우는 친구입니다. 승우의 얼굴이 안 좋아 보여서 루이가 말을 겁니다.

승우의 고민은 무엇입니까? 17

가. 듣고 메모하십시오.

루이는 승우에게 어떻게 해 보라고 했어요?

1)

2)

나. 대본을 읽으면서 친구와 연습해 보십시오. P188

다. 표현을 확인해 보십시오.

- 아니긴 뭐가 아니야.
- 얼굴에 -다고 쓰여 있어.
- 고맙긴. 잘 되면 밥이나 사.

라. 해 봅시다.

[활동1] 여러분이라면 승우에게 어떻게 조언하겠어요?
자기 생각을 말하면서 대화를 만들어 보세요.

[활동2] A : 친구에게 고민이 있는지 물어보세요.
B : 고민을 듣고 자기 의견을 말해 보세요.

마. '라'에서 이야기한 것을 써 봅시다.

친구의 고민을 듣고 상담해 보세요

준비

1. 요즘 고민하고 있는 문제에 대해서 친구에게 이야기할 준비를 하세요.
2. 고민을 말하는 팀과 고민을 들어주는 팀으로 나누세요.

활동

1. 친구를 한 명씩 만나서 고민을 말하세요.
2. 들어주는 사람은 친구의 고민에 대해 상담해 주세요.

미 카: 사라야, 얼굴이 안 좋아 보이는데 무슨 일 있어?
사 라: 아, 아니야. 아무것도 아니야.
미 카: 아니긴 뭐가 아니야. 니 얼굴에 고민이 있다고 쓰여 있어. 빨리 말해 봐.
사 라: 다음 주말에 남자친구 부모님을 봐야 돼. 같이 식사하자고 하셔서……
미 카: 왜? 뵙고 싶지 않아?
사 라: 아니, 그런 건 아닌데, 문화 차이도 있고 존댓말을 못 쓸까 봐 걱정이야.

문화 차이
존댓말을 쓰다

3. 모든 친구를 만나면 역할을 바꿔서 해 보세요.

정리

어떤 상담이 가장 도움이 됐는지 발표해 보세요.

인터넷 수다

이 사람들은 어떤 고민이 있는 것 같습니까?

위 세 사람은 인터넷 카페에 사연을 올렸습니다. 어떤 고민이 있습니까?

지식iN 홈 | 지식 Q&A | 지역 Q&A | 고민 Q&A | 오픈사전 | 지식iN 사람들 | 지식iN 베스트 | ? 질문하기 | 집필하기

고민 Q&A

Q 이런 선배가 있어요

고민녀 | 20OO년 7월28일

조회 159

우리 대학원에 이런 선배가 있어요. 이 선배는 후배들을 잘 챙겨 주고 공부에도 도움을 주지만 후배들을 많이 힘들게 해요. 연구실에서 공부하고 있으면, "자료 좀 복사해 올래?", "커피 한 잔 사다 줘.", "우체국에 갔다 와.", "과 사무실에 가서 서류 좀 가져 와."라고 하면서 심부름을 시켜요. 또 제가 도서관에 간다고 하면 "도서관에 가? 그럼 내 책도 좀 빌려 올래?"라고 해요. 우리 대학원에서는 후배가 선배 말을 들어야 하기 때문에 심부름을 하기 싫어도 싫다고 말하기 어려워요. ㅠ.ㅠ

의견쓰기 |

A ㄴ 아직도 그런 선배가 있어요???

A ㄴ 우리 연구실에는 더 나쁜 선배도 있어요.):(

Q 제 얘기 좀 들어 보세요

고민고민 | 20OO년 7월15일

조회 208

저한테는 친한 친구가 한 명 있는데, 그 친구는 고등학교 다닐 때 배구 선수였어요. 키도 크고 체격도 좋아서 같이 다니면 전 항상 든든해요. 그런데 팔 힘이 센 게 문제예요. 만나면 반갑다면서 툭 치는데 너무 아파서 눈물이 나요. 그리고 이 친구는 웃을 때 옆 사람을 잘 치는 버릇이 있는데 힘이 세니까 맞으면 몸에 멍이 들어요. 너무 아파서 치지 말라고 여러 번 말했지만 그 친구는 버릇을 고치기가 힘든가 봐요. 때릴 때마다 말할 수도 없고 자꾸 이야기하면 기분 나쁠까 봐 아프지만 참고 있어요. 어떻게 하면 좋을까요? 좋은 방법이 있으면 좀 알려 주세요.

의견쓰기 |

A ㄴ 그럴 때는 같이 때리세요. ^_^

A ㄴ 그럼 이렇게 해 보세요.

지식 iN 홈 | 지식 Q&A | 지역 Q&A | 고민 Q&A | 오픈사전 | 지식iN 사람들 | 지식iN 베스트 | ? 질문하기 | 집필하기

고민 Q&A

Q 이럴 땐 어떻게 하면 좋죠?

고민남 | 20OO년 6월20일

조회 63

저는 전에 같이 일했던 회사 동료 때문에 고민입니다. 그 동료는 매일 저녁 저한테 전화해서 회사에서 스트레스 받은 일을 이야기하고 상사에 대해서 계속 불평합니다. 그리고 한 번 전화하면 한 시간 이상 통화하게 됩니다. 그런데 전화를 오래 하는 것보다 다른 사람에 대해 욕하는 것이 더 싫습니다. 처음에는 동료였으니까 위로도 해 주고 격려도 해 주면서 이야기를 들어줬지만 매일 그러니까 이젠 그 동료의 목소리도 싫습니다. 더 이상 그 사람하고 통화하고 싶지 않은데 어떻게 하면 좋을까요?

의견쓰기 |

A ㄴ그냥 솔직하게 힘들다고 말해 보세요.

A ㄴ전화번호를 바꾸거나 한동안 그 동료의 전화를 받지 마세요.

가. 맞으면 O, 틀리면 X 하십시오.

1. '고민녀'의 선배는 후배들을 잘 챙겨 주지도 않고 심부름만 시켜요. ( )
2. '고민녀'가 다니는 대학원에서는 선배가 시킨 심부름은 꼭 해야 해요. ( )
3. '고민고민'은 친구가 체격이 좋고 키가 커서 같이 다니기 싫어해요. ( )
4. '고민고민'의 친구는 화가 나면 옆에 있는 사람을 쳐요. ( )
5. '고민남'은 매일 저녁 옛날 동료에게 전화해서 스트레스를 풀어요. ( )
6. '고민남'은 옛날 동료가 다른 사람에 대해 욕하는 것을 듣기 싫어해요. ( )

나. 묻고 대답하십시오.

1. '고민녀'의 선배는 어떤 심부름을 시킨대요?
2. '고민고민'의 친구는 어떤 버릇이 있대요?
3. '고민남'의 동료는 전화해서 어떤 이야기를 한대요?
4. 세 사람은 어떻게 하는 것이 좋을 것 같아요? (자기 의견을 말해 보세요.)

4 읽고 말하기 ①

다. 다음 단어와 표현을 이용해서 읽은 내용을 말해 보십시오.

고민녀는 대학원 선배가 심부름을 시키는데
싫다고 말하지 못해서 고민하고 있어요.

고민녀 / 대학원 / 선배 / 심부름 / 시키다 / 싫다 / 말하지 못하다 / 고민하다

고민고민 / 친한 친구 / 옆 / 사람 / 치다 / 버릇 / 고민하다

고민남 / 옛날 동료 / 매일 저녁 / 전화하다 / 스트레스 받은 일 / 이야기하다 / 상사 / 계속 / 불평하다 / 고민하다

라. 해 봅시다.

같이 이야기해 보세요.

A : 앞에서 읽은 내용을 이용해서 자신의 고민처럼 말하세요.

B : 고민을 잘 들으세요. 그리고 자기 의견을 말해 주세요.

대학원 선배가 자꾸 심부름을
시켜서 힘들어.

그런 선배가 있어? 힘들겠다.
그 선배를 피해 다니는 게 좋을것 같아.
아니면, 예의 있게 심부름을 못하는
이유를 잘 설명해 보는 게 어때?

마. 써 봅시다.

'라'에서 이야기한 것을 쓰세요.

술 권하는 사회

여러분은 술을 자주 마십니까? 언제, 왜 마십니까?

● 스테판 씨는 한국 회사에 취직했습니다. 그런데 술자리가 많아 고민입니다.
한국 사람들이 술자리를 많이 갖는 이유가 뭐라고 생각합니까?

- ☐ 술을 좋아해서
- ☐ 여러 정보를 얻기 위해
- ☐ 인간 관계를 위해
- ☐ 술자리 분위기가 좋아서
- ☐ 어쩔 수 없이

최인철 **교수는 왜 한국 사람들이 술을 많이 마신다고 합니까?**

한국인의 문화와 심리①

술 권하는 사회

박찬희•중앙대 경영학과 교수
최인철•서울대 심리학과 교수

박찬희(이하 '박') 오늘은 최인철 교수님을 모시고 술에 대한 한국인의 심리를 알아보겠습니다. 교수님, 한국 사람들이 술을 참 많이 마시는 것 같은데 맞습니까?

최인철(이하 '최') 네. 한국이 세계에서 술을 가장 많이 마시는 나라 중의 하나라는 조사 결과도 있습니다.

박 그런데 한국 사람들은 왜 그렇게 술을 많이 마시는 겁니까?

최 우리 나라 사람들의 심리적인 특징과 관련이 있을 것 같습니다. 우리 사회는 인간 관계를 중요하게 생각하는 문화를 갖고 있습니다. 그래서 직장에서도 일보다 관계를 먼저 생각할 때가 많은 편이에요. 또 단결을 중요하게 생각하기 때문에 회식을 많이 하게 됩니다. 이렇게 사람들하고 자주 만나게 되니까 술을 마실 기회도 많아지는 것입니다.

박 그러니까 우리 나라 사람들이 술을 좋아해서 많이 마시는 것이 아니군요.

최 네. 물론, 좋아해서 마시는 사람도

가. 맞으면 O, 틀리면 X, 알 수 없으면 △ 하십시오.

❶ 한국 사람은 술을 좋아하기 때문에 많이 마신다. (　　　)
❷ 한국 사람은 인간 관계보다는 일을 먼저 생각한다. (　　　)
❸ 한국에는 나이, 성별, 지위 때문에 지켜야 할 규칙이 많다. (　　　)
❹ 한국은 요즘 다른 사람들과 함께 술을 마시는 사람이 늘고 있다. (　　　)
❺ 최근에는 가족과 함께 여행을 떠나는 한국 사람들이 많아졌다. (　　　)

있습니다. 그렇지만 술을 좋아하지 않는 사람도 '술을 권하는' 한국 문화 때문에 많이 마시게 됩니다. 그래서 사람들에게 술을 왜 마시냐고 물으면, 마시고 싶어서 마시는 게 아니라고 합니다. 또, 술이 좋아서 마시는 게 아니라 사람이 좋아서 마신다고도 하지요.

박 (웃음) 네, 저도 그렇습니다. 사람들하고 만나자고 약속할 때 '언제 술이나 한잔하자.'라고 합니다. 그런데 교수님, 우리 나라 사람들은 인간 관계를 위해서 왜 꼭 술을 마시는지 궁금합니다.

최 우리 사회는 나이와 성별, 지위 때문에 지켜야 할 규칙이 많습니다. 그래서 어떤 사람하고 가까워지고 싶어도 그런 규칙들 때문에 편안하게 말하기가 어렵고, 또 불만을 말하고 싶어도 평소에는 잘 말할 수가 없어요. 그런데 술을 마시면 그런 어려움이 많이 줄어들어서 보통 때보다 편안하게 이야기할 수 있게 됩니다.

박 그런데 술을 좋아하는 사람들끼리 이야기하니까 술의 좋은 점만 말한 것 같네요. (웃음) 사실 술은 나쁜 점도 참 많잖아요. 개인의 건강에도 안 좋고요.

최 네, 맞습니다. 그래서 최근 우리 사회는 개인의 건강과 행복을 중요하게 생각하는 사회로 바뀌고 있습니다. 사람들과 같이 술을 마시기보다는 개인적으로 취미 생활을 하는 사람이 늘고 있어요.

박 '우리'를 먼저 생각하는 문화에서 '개인'을 생각하는 문화로 바뀌고 있다는 말씀이시죠? 네, 오늘은 최인철 교수님과 함께 '술 권하는 사회'에 대하여 알아봤습니다. 고맙습니다.

최 감사합니다.

나. 묻고 대답하십시오.

1. 이 글은 인터뷰 기사입니다. 인터뷰 주제가 뭐예요?
2. 한국에서는 왜 술을 마실 기회가 많다고 해요?
3. 한국 사람들에게 술을 마시는 이유를 물으면 뭐라고 대답한다고 해요?
4. 한국 사람들은 사람들을 만날 때 왜 꼭 술을 마신다고 해요?
5. 한국 사회가 요즘 어떻게 변하고 있다고 해요?

다. 다음 단어와 표현을 이용해서 읽은 내용을 말해 보십시오.

한국인이 술을 많이 마시는 이유
인간 관계, 단결, 회식

→ **사람을 만날 때 꼭 술을 마시는 이유**
나이, 성별, 지위, 어려움이 줄어들다

→ **새롭게 바뀌는 문화**
건강, 행복

라. 해 봅시다.

같이 이야기해 보세요.

A: 한국 회사의 회식 문화와 술 문화 때문에 고민합니다. 친구에게 고민을 말하세요.

B: 고민을 잘 듣고 자기의 의견을 말하세요.

한국 회사에 취직했는데 매일 회식을 해요. 한국 사람들은 왜 이렇게 술 마시는 걸 좋아할까요?

힘들겠네요. 한국 사람들은……

마. 써 봅시다.

'라'에서 이야기한 것을 쓰세요.

단원 정리

듣고 말하기 ①

상담실

게시판에 (글을) 올리다

남

자기

남의 것을 자기 것처럼 써요.

-에 넣어 두다

날이 갈수록 더 심해져요.

사이가 불편해지다

냉장고 칸을 나눠 쓰다

콩 한 쪽도 나눠 먹어요.

인정이 없다

얌체 같다

이런저런

핑계를 대다

(일을) 미루다

불평하다

진짜 이해가 안 돼요.

당장

듣고 말하기 ②

아니긴 뭐가 아니야.

얼굴에 고민이 있다고 쓰여 있어.

반대하다

안정된 생활을 하다

때로는

쑥스럽다

성공하다

밥이나 사.

읽고 말하기 ①

챙겨 주다

심부름을 시키다

힘들게 하다

심부름을 하다

-기 어렵다

든든하다

힘이 세다

툭 치다

-에 멍이 들다

때리다

욕하다

읽고 말하기 ②

권하다

심리적인 특징

-과 관련이 있다

인간관계

단결

-을 기회가 많다

지위

평소

줄어들다

개인적으로

최근

늘다

5

길 설명하기 확인하기

극장을 끼고 오른쪽으로 돌아.
아, 거기서 오른쪽으로 가라고?

혜화 역에서 내려서 2번 출구로 나가

대학로에 가 본 적이 있습니까? 어떤 곳인지 얘기해 보십시오.

● 다음은 시청 역에서 혜화 역에 가는 두 가지 방법입니다. 이야기해 보십시오.

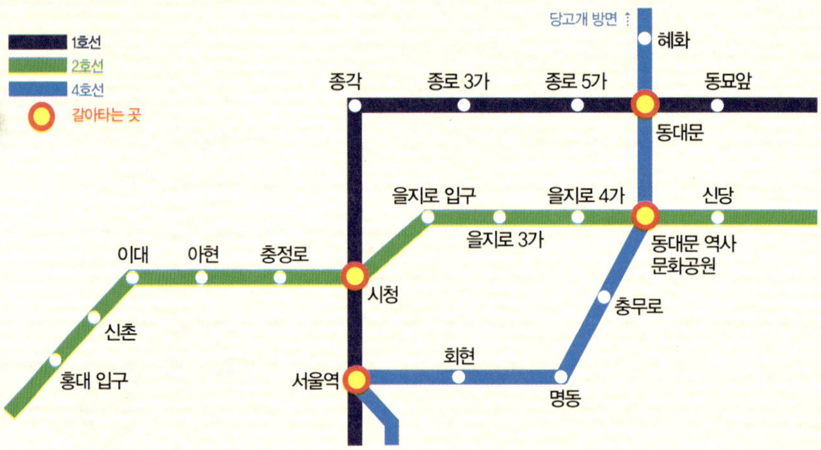

시청 역 / 1호선을 타고 가다 / 동대문 역 / 당고개 방면 4호선 / 갈아타다 / 혜화 역 / 내리다

시청역 / 2호선을 타고 가다 / 동대문역사문화공원 역 / 당고개 방면 4호선 / 갈아타다 / 혜화 역 / 내리다

소영 씨는 알렉스 씨한테 혜화 역까지 어떻게 가라고 했습니까? 18

가. 알렉스 씨가 가려고 하는 카페는 A, B, C, D 중 어디입니까?

나. 알렉스 씨의 메모입니다. 틀린 것을 고쳐 보십시오. (두 개)

혜화 역 → 카페
- 2번 출구, 나간 방향으로 쭉 가다
- 파랑새 극장을 끼고 왼쪽으로 돌다
- 편의점을 지나서 300m 가다, 정면에 텍사스가 있다

다. 묻고 대답하십시오.

1. 알렉스 씨는 카페의 위치를 물어보는 질문을 어떻게 시작했어요?
2. 소영 씨가 시청에서 혜화 역까지 어떻게 가라고 했어요?
3. 혜화 역 2번 출구에서 편의점까지 가는 길을 설명해 보세요.
4. 편의점에서 카페까지 가는 길을 설명해 보세요.
5. 소영 씨는 마지막에 뭐라고 말했어요?

라. 잘 듣고 빈칸을 채우십시오. 19

소 영 : 나가서 ① __________ 으로 가지 말고 뒤로 돌아야 돼. 뒤로 돌아서 조금 가면 파랑새 극장이 보일 거야.

알렉스 : 잠깐만, 메모 좀 할게. 2번 출구로 나가서 뒤로 돌라고?

소 영 : 어. 파랑새 극장까지 가서 그 극장을 ② __________ 오른쪽으로 ③ __________.

마. 잘 듣고 따라하십시오. (억양, 발음) 20

소 영 : 어, 무슨 일이야?

알렉스 : 다른 게 아니고 좀 물어볼 게 있어서. 전에 같이 갔던 대학로에 있는 카페 있잖아. 나 지금 시청 역인데 여기서 어떻게 가?

바. 대본을 실감나게 읽어 보십시오. P189

사. 해 봅시다.

혜화 역에서 ①, ②, ③, ④ 까지 가는 길을 설명해 보세요.

길 설명하기, 확인하기

1 길 설명하기 표현

p 16

1) 길을 설명할 때 쓸 수 있는 표현들을 연습해 보세요.

○번 출구로 나가다 / 나오다
-으면 -이 나오다 / 보이다 / 있다
-을 끼고 -으로 가다 / 오다 / 돌다
-다가 -에서 -으로 가다 / 오다 / 돌다

2) 내일 한국어교육원에서 친구를 만나기로 했습니다. 그런데 그 친구는 한국어교육원 위치를 잘 모릅니다. 친구에게 전화로 설명해 주세요.

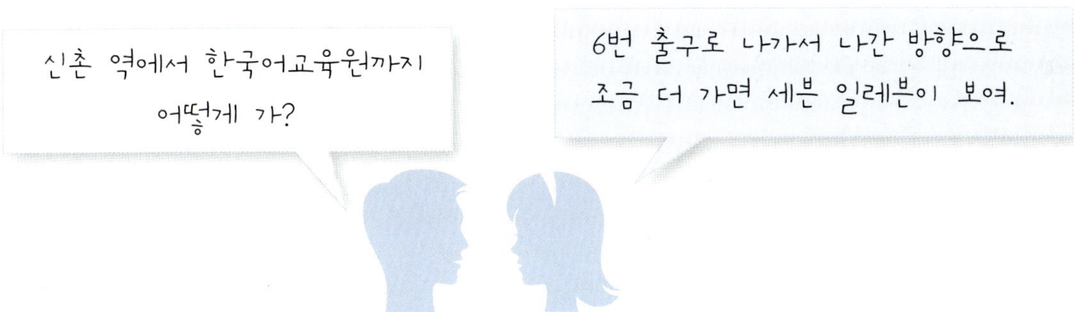

1. 6번 출구 / 나가다 / 나간 방향 / 조금 더 가다 / 세븐 일레븐 / 보이다
2. 세븐 일레븐 / 끼다 / 왼쪽 / 돌다
3. 5분 정도 가다 / 서강대학교 정문 / 나오다
4. 정문 / 지나다 / 조금 더 가다 / 왼쪽 / 한국어교육원 / 있다

2 -다고요?

p 16

A : 혜화 역에서 내려서 2번 출구로 나가.
B : 2번 출구로 나가라고?

'-다고요?'를 사용해서 말해 보세요.

춥다고요? 어제보다 따뜻한데요.

① 날씨가 너무 추워요.
② 발음 수업에 가요.
③ 저는 보통 점심을 안 먹어요.
④ 다섯 시에 전화하세요.
⑤ 이 영화를 보지 마세요.
⑥ 이따가 1번 출구 앞에서 만나요!
⑦ 한국어 단어 중에서 어떤 말을 좋아해요?

종합 연습

미카 씨가 알렉스 씨에게 전화해서 길을 물어봅니다. 문법을 사용해서 빈칸을 완성하고 친구와 연습해 보세요.

미 카: 알렉스 씨, 다른 게 아니고 좀 물어볼 게 있어서요.
알렉스 : 네, 뭔데요?
미 카 : 지난번에 맛있다고 했던 가게 있잖아요. 거기 어떻게 가요?
알렉스 : 아, 그 집이요? 신촌 역 근처에 있어요.
1번 출구로 나가서 현대백화점 쪽으로 가세요.
오른쪽에 아이스크림 가게가 있을 거예요.
거기를 끼고 오른쪽으로 돌아서 조금 더 가면 보일 거예요.
미 카 : ______________________ 고요?
알렉스 : 네. 맛있게 드세요.

종합 연습의 대화로 역할극을 해 보세요.

A : 신촌에 있는 맛있는 가게 위치를 설명해 달라고 하세요.
B : 신촌 역에서 가게까지 가는 길을 설명해 주세요.

홍대 입구 역 9번 출구로 나가

홍대에 즐겨 가는 곳이 있습니까?

● 스테판 씨가 얼마 전에 소개 받은 친구와 만날 곳을 생각 중입니다.
소영 씨가 스테판 씨에게 한 가게를 알려 줍니다.

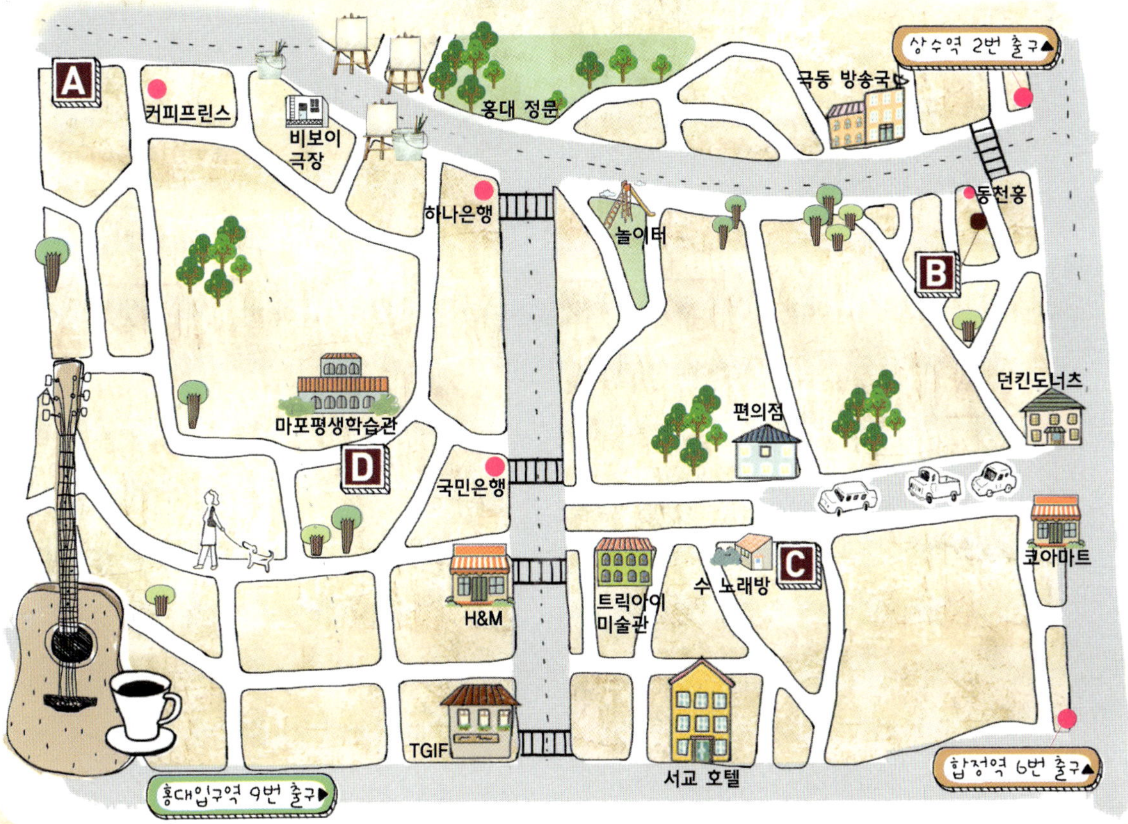

소영 씨가 알려 준 가게는 A,B,C,D 중 어디입니까? 이름은 무엇입니까? 21

가. 소영 씨의 길 설명을 듣고 빈칸을 채우십시오.

홍대 입구 역 9번 출구__ ______. 나가서 200미터쯤 가면 왼쪽__ TGIF__ ______.

TGIF__ 끼고 왼쪽__ 돌아서 홍대 정문까지 쭉 가면 은행__ ______.

거기__ 왼쪽__ 가면 미술 학원이 많은 길이 나오는데 그 길을 따라 5분쯤 가면 왼쪽__

산울림 소극장이 있을 거야. 커피 프린스가 있는 골목__ ______ 돼.

나. 대본을 읽으면서 친구와 연습해 보십시오. P190

다. 표현을 확인해 보십시오.

- 어디 갈 만한 데 알아?
- 어딘지 알 것 같아.
- 눈에 잘 안 띄어.

라. 해 봅시다.

홍대에서 유명한 장소를 소개하고 가는 방법을 설명하세요. 듣는 사람이 잘 찾을 수 있게 간단하게 건물 모습도 설명하세요. 듣는 사람은 지도에서 위치를 찾아보세요.

산울림 소극장 → A

연극이나 공연을 볼 수 있는 작은 극장이다. 1층에 식당도 있다. 3층짜리 평범한 건물이라서 눈에 잘 안 띈다. 건물 벽에 연극 포스터가 붙어 있다.

웃사브(Utsav) → B

점심 시간에 카레를 마음껏 먹을수 있다. ㄷ자 모양의 2층짜리 건물이다. 돌로 만든 입구 안쪽으로 들어 가면 분수와 연못이 있고 식당 안은 천장이 아주 높다.

상상마당 → C

갤러리, 영화관, 문구점, 카페가 있어서 강의, 전시등 다양한 행사가 열린다. 7층짜리 건물로 디자인이 독특해서 눈에 띈다.

가미 → D

우동과 튀김이 맛있다. 주말에는 사람이 많으니까 평일에 가는 것이 좋다. 가게 입구 양쪽에 노란색 기둥이 있다.

마. '라'에서 이야기한 것을 써 봅시다.

찾아가는 길을 설명해 보세요

준비 1. 지금까지 가 봤던 곳 중에서 좋았던 곳을 생각해 보세요.
2. 친구에게 자세하게 설명할 수 있게 지도를 보며 찾아가는 길을 메모하세요.

동대문 디자인 플라자

길상사

정동극장

활동 친구를 한 명씩 만나서 가 볼 만한 곳을 알려 주세요. 친구가 소개해 주는 곳을 메모해 보세요.

친구	소개한 곳	가는 방법
엠레	동대문 디자인 플라자(DDP)	동대문 역사문화공원 역 1번 출구로 나가서……

정리 1. 같은 테이블 친구들과 소개 받은 곳에 대해서 이야기해 보세요.
2. 가장 인기가 많은 곳을 정해서 같이 가 보세요.

서울의 매력, 한강

서울 시민이 가장 좋아하는 곳은 한강이라고 합니다. 한강에는 어떤 매력이 있을까요?

● 한강에 있는 공원입니다. 여기에 있는 공원에 가 보셨습니까?
한강 어디쯤에 있는지 지도에서 찾아보세요.

http://hangang.seoul.go.kr

다음 한강 공원은 어떻게 갑니까?

1. 연인과 함께하는 **선유도 공원**

선유도 공원은 예전에 사용했던 정수장을 재활용해 만든 한국 최초의 생태 공원이다. 이곳은 영화나 드라마 촬영지로도 유명한 곳이다. 공원 안이 잘 꾸며져 있어 데이트하거나 사진 찍는 것을 좋아하는 사람들이 많이 찾는다.

날씨가 좋은 날 도시락과 카메라를 들고 아름다운 추억을 남기러 가 보자.

▣ **찾아가는 길 :** 서울 지하철 2·6호선 합정 역 10번 출구로 나와 버스 5714, 7612, 760, 603을 탄 후 선유도 공원 정문에서 내리면 바로 앞에 있음.

선유교

낮에 보는 모습과 밤에 보는 모습이 달라 걷는 재미가 있다. 또한 저녁에는 야경이 아름답다.

시간의 정원

물에서 자라는 다양한 식물과 꽃을 보면서 산책할 수 있다.

선유정

산책하다가 잠시 이곳에 앉아 한강을 보며 이야기하거나 쉴 수 있어 좋다.

2. 친구와 함께 즐기는 **여의도 한강 공원**

여의도 한강 공원은 한강에 있는 공원 중에서 제일 크기 때문에 봄꽃 축제, 세계 불꽃 축제 등과 같은 큰 행사가 많이 열리는 곳이다. 그리고 한강 위로 탁 트인 하늘을 바라보며 걸으면 일상의 피로를 풀 수 있다. 특히 해가 지는 시간에 유람선에서 보는 하늘은 환상적이다.

이곳은 교통이 편리해서 공연이나 행사가 없을 때에도 많은 사람들이 찾는다. 잠시 마음의 여유를 찾고 싶으면 시원하게 흐르는 한강을 보며 산책해 보자.

▣ **찾아가는 길 :** 서울 지하철 5호선 여의나루 역 2·3번 출구로 나와 5분쯤 가면 나옴.

물빛 광장

계단을 따라 흐르는 물소리를 들으면 마음까지 시원해진다.

수상 무대

한강을 배경으로 공연을 감상할 수 있는 장소로 레이저 쇼, 분수 쇼도 볼 수 있다.

여의도 샛강 공원

여의도 한강 공원을 더 즐기고 싶으면 자전거를 빌려서 샛강 공원까지 달려보자.

3. 가족과 함께 하는 **뚝섬 한강 공원**

뚝섬 한강 공원은 가족 놀이터 같은 곳으로 남녀노소 누구나 즐길 수 있는 다양한 시설이 있다. 시원한 강바람을 맞으며 즐길 수 있는 윈드서핑, 수상스키 등을 탈 수도 있고 가족과 함께 수영장이나 분수 광장에서 물놀이도 할 수 있다. 그리고 4월~10월에는 토요일마다 물건을 사고 팔 수 있는 나눔 장터가 열린다.
이번 주말에는 즐거움이 두 배가 되는 뚝섬 한강 공원으로 가 보자.

▣ **찾아가는 길 :** 지하철 7호선 뚝섬 유원지 역 2번 출구로 나오면 바로 있음.

자벌레

건물의 모습이 신기해서 사람들에게 인기가 많다. 이곳 안에는 전망대와 전시장, 휴식 공간, 레스토랑 등 다양한 시설이 있다.

야외 수영장

야외 수영장은 겨울엔 눈썰매장으로 사용하고 봄·가을에는 카페테리아로 사용하기 때문에 사계절 내내 이용이 가능하다.

음악 분수 광장

이곳에 가면 다양한 음악에 맞춰 춤추는 분수 쇼에 눈과 귀가 즐거워진다.

가. 읽고 메모하십시오.

선유도 공원
- 특징
- 위치

여의도 한강 공원
- 특징
- 위치

뚝섬 한강 공원
- 특징
- 위치

나. 읽은 내용과 관련 있는 것을 모두 연결하십시오.

선유도 공원 •

여의도 한강 공원 •

뚝섬 한강 공원 •

- 정수장을 이용해서 만든 생태 공원이다
- 한강에 있는 공원 중에서 제일 크기 때문에 축제나 행사가 많은 곳이다
- 남녀노소 누구나 즐길 수 있는 시설이 많아 가족과 함께 가면 좋은 곳이다
- 윈드서핑, 수상스키 등을 탈 수 있고 수영장, 분수 광장에서 물놀이를 즐길 수 있다
- 공원이 잘 꾸며져 데이트하거나 예쁜 사진을 찍고 싶은 사람들이 찾는 곳이다
- 탁 트인 한강의 경치를 보며 산책하면 일상의 피로를 풀 수 있다
- 영화나 드라마 촬영지로도 유명한 곳이다
- 해가 지는 시간에 유람선에서 하늘을 보면 환상적이다
- 토요일에는 물건을 사고 팔 수 있는 나눔 장터가 열린다

다. 다음 단어와 표현을 이용해서 읽은 내용을 말해 보십시오.

선유도 공원

공원 안 / 잘 꾸며져 있다 / 데이트하다 / 사진 찍는 것 / 좋아하다 / 사람들 / 많이 / 찾다 / 곳이다

합정 역 10번 출구 / 나오다 / 버스 5714, 7612, 760, 603번 / 타다 / 선유도 공원 정문 / 내리다 / 바로 앞 / 있다

여의도 한강 공원

한강 / 있다 / 공원 중에서 제일 크다 / 봄꽃 축제, 세계 불꽃 축제 등 / 큰 행사 / 많이 열리다 / 곳이다

지하철 5호선 여의나루 역 2·3번 출구 / 나오다 / 여의도 한강 공원 / 있다

뚝섬 한강 공원

가족 놀이터 같은 곳 / 남녀노소 누구나 / 즐길 수 있다 / 다양한 시설 / 있다

지하철 7호선 뚝섬 유원지 역 2번 출구 / 나오다 / 바로 / 뚝섬 한강 공원 / 있다

라. 해 봅시다.

같이 이야기해 보세요.

- 여러분이 즐겨 가는 공원이 있어요? 그 공원에 가면 어떤 것을 할 수 있어요?
- 그곳에 가려면 어떻게 가야 해요?

마. 써 봅시다.

'라'에서 이야기한 여러분이 즐겨 가는 곳에 대해 소개하는 글을 쓰세요.

서울 북악산 성곽길

경복궁[1]에 가 본 적이 있습니까? 경복궁과 청와대[2] 뒤로 보이는 산이 무슨 산인지 아십니까?

이 나무는
(   )라고 해요.

1968년 1월 21일 북한 간첩들이 청와대에 들어가려고 하다가 여기에서 총싸움이 났대요. 이 소나무를 보면 그 때의 상황을 알 수 있을 것 같아요.

이곳은 마지막 도착지
(   )이에요.

이 문은 1741년에 만들어진 것인데 서울에 있는 문 중에서 옛 모습 그대로 남아 있어서 중요한 역사 자료가 돼요.

1) 경복궁은 조선시대 왕이 살던 5개 궁궐 중에서 가장 중요한 궁이에요. www.royalpalace.go.kr
2) 청와대는 대한민국 대통령이 사는 곳이에요. www.president.go.kr

북악산 성곽길 **코스입니다. 여기가 어디인지 써 보세요.**

이곳은 (   )예요.

경복궁의 구조와 세종로가 한눈에 보이는 전망이 좋은 곳이에요.

이곳은 (   )인데

서울 4대문[3] 중의 하나예요. 북쪽에 있어서 북대문이라고 해요.

여기는

(   )예요.

북악산 성곽길을 걸으려면 이곳에서 신분증을 보여주고 출입증을 받아야 해요.

3) 4대문은 동대문(=흥인지문), 남대문(=숭례문), 서대문(=돈의문), 북대문(=숙정문)을 말합니다.

주말에 가 볼 만한 곳①

서울 북악산 성곽길

따뜻한 봄이 느껴지는 4월의 첫째 주말.

어디론가 떠나고 싶은 화창한 날이다. 이런 날에 가면 좋은 곳이 있다. 여행객들로 붐비지도 않고 지하철과 버스를 이용해 쉽게 갈 수 있는 곳. 바로 서울 성곽길이다. 이 성곽길은 서울의 중심에 있는 네 개의 산(북악산, 인왕산, 남산, 낙산)을 연결해서 만든 길로 각 코스마다 다양한 자연 풍경과 문화, 역사를 만나볼 수 있다. 이번 주말에는 서울 성곽길 제1 코스인 북악산 코스로 가 보자.

북악산 코스는 1968년에 있었던 1 · 21 사태 이후 통제되었다가 2007년에 개방되었다. 그동안 사람이 다니지 않아서 성곽과 자연이 잘 보호되어 있다. 특히 소나무 사이로 보이는 서울의 모습은 자기도 모르게 "아~~" 하는 소리가 나올 정도로 아름답다.

북악산 성곽길 가는 방법은 여러 가지가 있는데 사람들이 가장 많이 이용하는 와룡 공원에서 시작하는 코스로 가 보자. 이 코스로 가려면 안국 역(3호선) 2번 출구로 나와서 2번 마을버스를 탄 후 마지막 정류장인 성균관대 후문에서 내리면 된다. 거기서 조금 걸어 올라가면 와룡 공원이 있는데 이곳에서부터 북악산 성곽길이 시작된다.

와룡 공원에서 20분 정도 올라가면 말바위 안내소가 나오는데, 여기에서 신분증을 제시하고 출입증을 받아야 한다. 그리고 시간도 오후 3시까지만 입장이 가능하다.

가. 맞으면 O, 틀리면 X 하십시오.

❶ 북악산은 대중교통을 이용해 가기 어려운 곳이다. (　　　)

❷ 북악산은 자연을 보호하기 위해 통제되었다가 2007년에 개방되었다. (　　　)

❸ 북악산 성곽길을 걸으려면 신분증을 꼭 가지고 가야 한다. (　　　)

❹ 숙정문은 북한 간첩들이 청와대로 들어가려고 하다가 총싸움이 난 장소다. (　　　)

❺ 북악산 성곽길 코스는 2시간 정도 걸린다. (　　　)

말바위 안내소에서 받은 출입증을 목에 걸고 성곽을 따라 올라가다 보면 오른쪽에 숙정문이 나온다. 숙정문은 서울의 사대문 중의 하나로 북대문이라고도 한다. 이 문은 평상시에는 닫아 놓고 사람들이 다니지 못하게 했다고 한다.

숙정문에서 소나무 길을 따라 한참 올라가면 청운대가 나온다. 이곳은 경복궁의 구조와 세종로가 한눈에 보이는 가장 전망이 좋은 곳이다. 이곳을 지나 좀 더 가면 1·21 사태 소나무가 나온다. 이 소나무는 1968년 1월 21일에 북한 간첩들이 청와대로 들어가려고 하다가 총싸움이 났는데, 그때의 총알 자국이 아직도 남아 있는 나무다. 그때 상황이 어땠는지 잘 말해 주는 역사적인 나무다.

1·21 사태 소나무를 지나 계단을 올라가면 북악산 정상이 나온다. 정상에서는 산들로 둘러싸여 있는 서울 시내를 볼 수 있다. 날씨가 좋으면 인천과 일산까지 보일 때도 있다고 한다. 정상에서 보는 서울 시내의 모습은 답답했던 마음을 시원하게 해 준다. 가벼워진 마음으로 이제 내려갈 준비를 하자. 정상에서 내려가는 길은 나무 계단으로 되어 있는데 그 계단을 따라 쭉 내려가면 이 코스의 마지막 도착지인 창의문이 나온다. 창의문 안내소에 출입증을 반납하면 북악산 성곽길 코스는 끝이 난다.

북악산 성곽길 코스는 두 시간이면 다녀올 수 있다. 짧은 일정이 아쉬운 사람은 낙산이나 남산 성곽길 코스를 하나 더 걷는 것도 좋다.

이번 주말에는 친구와 함께 북악산 성곽길로 떠나보는 건 어떨까?

나. 묻고 대답하십시오.

1. 서울 성곽길은 어떤 길이에요?
2. 안국 역에서 와룡 공원까지 어떻게 가요?
3. 북악산 성곽길을 걸으려면 말바위 안내소에서 뭘 해야 해요?
4. 1·21 사태 소나무는 어떤 나무라고 했어요?

다. 다음 단어와 표현을 이용해서 읽은 내용을 말해 보십시오.

안국 역 2번 출구로 나와서 2번 마을버스를 탄 다음 성균관대 후문에서 내려요.

안국 역 2번 출구 / 나오다 / 2번 마을버스를 타다 / 성균관대 후문에서 내리다

와룡 공원 / 20분 정도 올라가다 / 말바위 안내소가 나오다 / 여기에서 신분증 / 제시하다 / 출입증 / 받다

1·21 사태 소나무 / 지나다 / 계단을 올라가다 / 북악산 정상 / 나오다

북악산 성곽길 코스 / 두 시간이다 / 다녀올 수 있다

라. 해 봅시다.

[활동1] www.bukak.or.kr에 들어가서 북악산에 찾아가는 길과 탐방 코스를 알아보세요.
그리고 북악산 성곽길을 다녀온 사람들이 쓴 블로그를 읽어 보세요.

[활동2] 북악산에 대한 정보를 친구와 함께 찾은 후 직접 가 보세요.

마. 써 봅시다.

1. 〈북악산 성곽길〉을 소개하는 관광 안내지를 만드세요.
   각 장소에 대한 소개 글과 가는 방법을 쓰세요.

2. 주말에 가 볼 만한 곳을 소개하는 글을 쓰세요.

단원 정리

듣고 말하기 ①

다른 게 아니고 좀 물어볼 게 있어서.
방면
(2번) 출구로 나가다
나간 방향으로 가다
뒤로 돌다
(건물)을 끼고 오른쪽으로 돌다
정면
찾다가 잘 모르겠으면 다시 전화해.

듣고 말하기 ②

어디 갈 만한 데 알아?
길을 따라가다
골목
지나가다
평범하다
3층짜리 건물
눈에 띄다
세로로 쓰여 있다
-이 붙어 있다

읽고 말하기 ①

재활용하다
촬영지
잘 꾸며져 있다
야경
식물
행사가 열리다
탁 트이다
일상의 피로를 풀다
해가 지다
환상적이다
(물이) 흐르다
배경
공연을 감상하다
분수
놀이터
남녀노소
즐거움이 두 배가 되다
전망대
사계절 내내

읽고 말하기 ②

어디론가
화창하다
-으로 붐비다
통제되다
개방되다
보호되다
(신분증을) 제시하다
출입증
목에 걸다
평상시
한참
구조
한눈에 보이다
(총알) 자국
정상
-으로 둘러싸여 있다

6

소리·동작 묘사하기
서술하기

자, 그럼
지금부터 찍는다.
준비됐어?
나무꾼이 훌쩍훌쩍 울고
있는 선녀에게 말을 거는
장면부터 시작할게.

선녀와 나무꾼

한국의 옛날이야기, 선녀와 나무꾼입니다. 누가 나옵니까?

- 그림을 보고 이야기의 내용을 추측해 보십시오.

나무꾼은 어떻게 선녀와 결혼했습니까? 22

가. 맞으면 O, 틀리면 X, 알 수 없으면 △ 하십시오.

1. 사슴은 나무꾼에게 은혜를 갚았어요. ( )
2. 나무꾼의 소원은 선녀하고 결혼하는 거예요. ( )
3. 옷이 없어진 선녀는 나무꾼과 결혼했어요. ( )
4. 선녀는 하늘 나라에 있는 가족을 보고 싶어했어요. ( )
5. 나무꾼은 선녀를 하늘 나라에 돌려 보내려고 옷을 줬어요. ( )

나. 묻고 대답하십시오.

1. 나무꾼은 어떻게 선녀와 결혼했어요?
2. 사슴은 나무꾼에게 무엇을 꼭 기억하라고 했어요?
3. 나무꾼은 왜 아내에게 날개옷을 보여줬어요?
4. 날개옷을 본 아내는 어떻게 했어요?

다. 잘 듣고 빈칸을 채우십시오. 23

사 슴 : 나무꾼님, 정말 고맙습니다.

해 설 : 사슴은 ① ______________ 싶다면서 나무꾼한테 소원을 하나 말하라고 했습니다. 그러자 나무꾼은,

나무꾼 : 소원? 내 소원은 ② ____________ 가는 거야.

라. 잘 듣고 따라하십시오. (발음, 끊어 말하기) 24

보름달이 뜨는 밤에 산꼭대기에 있는 연못으로 가 보세요. 하늘에서 내려온 선녀들이 목욕을 하고 있을 거예요. 벗어 놓은 날개옷 하나를 숨기면, 선녀 한 명이 하늘로 올라가지 못 할 거예요. 그 선녀하고 결혼하면 돼요.

마. 대본을 실감나게 읽어 보십시오. P191

바. 다음 단어와 표현을 이용해서 말해 보십시오.

나무꾼 / 산에서 일하다가 쉬다 / 사슴 / 뛰어오다 / '살려 주세요'라고 하다
나무꾼 / 사슴 / 숨겨 주다
사슴 / 은혜를 갚고 싶다 / 나무꾼 / 소원을 말하라고 하다
나무꾼 / 선녀의 날개옷 / 몰래 / 숨기다 / 선녀 / 하늘로 올라가지 못하다

사. 해 봅시다.

[활동1] 여러분 나라에 있는 옛날이야기 중에 비슷한 이야기가 있어요?
자기 나라의 대표적인 옛날이야기에 대해서 친구들과 얘기해 보세요.

[활동2] 여러분이 알고 있는 의성어나 의태어가 있어요? 친구들과 얘기해 보세요.

소리·동작 묘사하기, 서술하기

1 의성어·의태어

p 18

1) 다음 의성어와 의태어는 언제 사용하는지 알아보세요.

훨훨	훌쩍훌쩍	끄덕끄덕

소곤소곤	글썽글썽	활짝

2) 게임을 해 보세요.

A는 의성어와 의태어를 행동으로 표현합니다. B는 그 의성어와 의태어를 맞힙니다.

3) 빈칸을 완성하고 친구와 연습해 보세요.

① 나비가 □□ 하늘로 날아 올라갔어요.

② 스테판 씨가 감기에 걸렸나 봐요. 계속 □□□□ 해요.

③ 소영 씨가 유나 씨에게 비밀을 말할 때 □□□□ 이야기했어요.

④ 선생님의 설명을 이해한 학생들이 고개를 □□□□ 했어요.

⑤ 민정 씨가 드라마를 보면서 □□□□ 울었어요.

⑥ 학생들이 페이 씨의 발표를 □□□□ 하면서 열심히 듣고 있어요.

⑦ 하늘을 □□ 나는 새처럼 자유롭게 살고 싶어요.

⑧ 미카 씨는 시험에 합격한 것을 확인하고 □□ 웃었어요.

⑨ 어머니가 편찮으시다는 소식을 듣고 페이 씨의 눈에 눈물이 □□□□ 했어요.

⑩ 극장에서 □□□□ 하는 사람이 있으면 짜증 나요.

⑪ 오늘 날씨가 좋아서 창문을 □□ 열었어요.

⑫ 내가 공항에서 떠날 때 어머니의 눈에 눈물이 □□□□ 했어요.

나비
고개

2 -더니

p 19

[선생님이 교실에 들어와서 알렉스 씨를 찾습니다.]

A : 알렉스 씨 봤어요?

B : 조금 전에 전화를 받더니 급하게 나갔어요.

올려다 보다

꼬리를 흔들다

그림을 보고 '-더니'를 사용해서 말해 보세요.

승우 씨가

창문을 열다

하늘을 올려다 보다

강아지가

미카 씨를 쳐다보다

꼬리를 흔들다

민정 씨가

노래를 한 번 듣다

똑같이 따라 부르다

미카 씨가

지갑을 열다

사진을 보여주다

종합 연습

루이가 집에 들어와서 룸메이트 얼굴이 안 좋은 것을 보고 알렉스에게 이유를 물어봅니다.
문법을 사용해서 빈칸을 완성하고 친구와 연습해 보세요.

루 이 : 쟤 왜 저래? 무슨 일 있어?

알렉스 : 어, 무슨 일 있나 봐. 아까 집에 왔는데 인사도 안 하고 방으로 들어갔어.
내가 저녁 먹자고 해도 대답도 안 했어. 조금 전에는 부엌에 가서 맥주를 ____________(꺼내다)
혼자 세 병을 마시더라고. 그리고 ____________ 울더니 방으로
들어갔어. 다시 ____________(나오다) TV를 켜고 계속 저렇게 앉아 있어.

루 이 : 그래? 왜 그러지?

종합 연습의 대화로 역할극을 해 보세요.

A : 룸메이트가 왜 기분이 안 좋은지 물어 보세요.
B : 룸메이트가 어떻게 행동했는지 말해 주세요.

하늘 나라에서 다시 내려온 나무꾼

선녀와 나무꾼은 어떤 이야기입니까? 선녀와 나무꾼 뒷이야기는 어떻게 끝났습니까?

두레박을 타고 하늘 나라로 올라간 나무꾼은 선녀와 귀여운 아이들을 다시 만나서 하늘 나라에서 행복하게 살았습니다. 하지만 날이 갈수록 나무꾼은 혼자 계시는 어머니가 걱정돼서 잠을 잘 수가 없었습니다. 걱정하는 나무꾼에게 선녀는 하늘을 날 수 있는 말을 타고 땅으로 내려갈 수 있다고 했습니다.

선녀는 나무꾼에게 무엇을 하면 안 된다고 했습니까? 25

가. 듣고 메모하십시오.

나무꾼은 왜 하늘 나라로 돌아가지 못하게 되었습니까?

나. 대본을 읽으면서 나무꾼과 어머니의 대화를 연습해 보십시오. P 192

다. 표현을 확인해 보십시오.

- 꿈만 같다
- 편찮으신 데는 없으시지요?

라. 해 봅시다.

[활동1] 무언극을 해 보세요.

1. 5명이 팀이 됩니다.
2. "대본을 읽어주는 사람" 과 "나무꾼, 말, 선녀, 어머니" 역할을 정합니다.
3. "대본을 읽어주는 사람"은 해설 부분과 각 역할의 대사를 잘 읽어줍니다.
4. "나무꾼, 말, 선녀, 어머니" 역할을 하는 사람은 대사에 맞춰서 무언극을 합니다.
5. 역할을 바꿔 가면서 연습합니다.

[활동2] 다음 그림을 보면서 이야기를 해 보세요.

단막극 공연을 해 보세요

활동1 단막극을 해 보세요.

[준비] 1. 친구들과 연극을 준비합니다. 역할을 나누세요.
2. 연기와 대사에 대해 의논하세요.
3. 자기 역할의 대사를 안 보고 말할 수 있게 연습하세요.

해설 : 샘
선녀 : 사토코
나무꾼 : 알렉스
사슴 : 완윤
사냥꾼 : 순고
어머니 : 글로리아

[활동] 각 팀에서 나와 연극을 하세요.

[정리] 제일 잘한 팀을 골라 보세요.

활동2 지난 4급 학생들이 만든 선녀와 나무꾼 UCC를 보고 제작 계획을 세워 보세요.

선녀와 나무꾼의 뒷이야기

다음은 '선녀와 나무꾼' 이야기의 마지막 부분입니다.
그 다음 이야기는 어떻게 되었을까요? 같이 이야기해 보세요.

나무꾼은 선녀에게 날개옷을 보여 주었습니다. 그러자 선녀는 날개옷을 입더니 아기 둘을 안고 훨훨 하늘 나라로 날아 올라갔습니다.

다음 이야기 중에서 하나는 원래 있었던 이야기이고, 나머지 세 개는 지어낸 이야기입니다. 어떤 것이 진짜 이야기인 것 같습니까?

선녀가 아이들을 데리고 하늘로 올라간 다음에 나무꾼은 보름달이 뜨는 밤마다 산꼭대기에 있는 연못으로 가서 선녀를 기다렸습니다. 그러나 선녀는 오지 않았습니다. 나무꾼은 너무 슬퍼서 거의 매일 울었습니다. 일도 하지 않고 밥도 먹지 않고 엉엉 울기만 했습니다. 얼마 지나지 않아 나무꾼은 병에 걸렸고, 병에 걸린 지 반년 후에 죽었습니다.

나무꾼은 착한 사람이었기 때문에 죽은 다음에 하늘 나라로 올라가게 되었습니다. 그리고 하늘 나라에서 선녀와 아이들을 다시 만나서 행복하게 살았습니다.

나무꾼은 매일 산꼭대기에 올라가서 선녀를 기다렸습니다. 그러나 선녀는 내려오지 않았습니다. 나무꾼은 선녀와 아이들이 보고 싶어서 매일 울면서 슬퍼했습니다.
나무꾼은 선녀와 아이들을 만나러 하늘 나라에 올라가고 싶었지만 아무리 생각해도 하늘 나라에 올라갈 방법을 찾을 수 없었습니다. 몇 달이 지난 어느 날 선녀가 세 명의 아이들과 함께 나무꾼 앞에 나타났습니다.
나무꾼은 너무 놀라서 꿈이 아닐까 생각했습니다. 선녀는 나무꾼에게 이렇게 말했습니다.
"하늘 나라에 돌아간 후에 세 번째 아이를 낳았어요. 아이를 세 명 낳으면 하늘 나라에서 살 수 없기 때문에 다시 돌아왔어요."
나무꾼은 그 얘기를 듣고 기뻐했습니다. 그 후 나무꾼은 열심히 일하면서 선녀와 아이들과 함께 행복하게 잘 살았습니다.

선녀가 아이 둘을 안고 하늘로 올라가자 나무꾼은 사슴이 했던 말을 생각하면서 자신의 행동을 후회했습니다. 나무꾼은 슬퍼하며 며칠 동안 계속 울었는데 그 울음소리가 너무 커서 하늘 나라까지 들렸습니다. 하늘 나라에 올라간 선녀는 나무꾼의 울음소리를 듣고 나무꾼이 불쌍하다는 생각이 들었습니다. 그래서 선녀는 나무꾼을 위로하려고 잠깐 내려왔습니다. 선녀를 보자 나무꾼은 말했습니다.
"제가 당신을 속였던 것을 용서해 주세요. 저는 당신과 아이들 없이는 살 수 없어요."
선녀는 이 말을 듣고 나무꾼과 함께 행복하게 살았던 때가 생각났습니다. 그리고 아이들에게도 아버지가 필요하다고 생각했습니다. 그래서 선녀는 나무꾼을 용서하고 하늘 나라에 가서 아이들을 데리고 다시 내려왔습니다. 그 후 선녀는 나무꾼과 행복하게 오래오래 살았다고 합니다.

아이들과 선녀를 잃은 나무꾼은 매일 슬퍼하다가 사슴을 찾아갔습니다. 사슴은 나무꾼에게 꼭 기억하라고 했던 말을 왜 지키지 못했냐고 했습니다. 나무꾼은 선녀가 너무 슬퍼해서 어쩔 수 없었다고 말했습니다. 그리고 사슴에게 제발 선녀를 다시 만나게 해 달라고 부탁했습니다. 사슴은 나무꾼이 선녀를 사랑하는 마음에 감동을 받아서 나무꾼에게 다른 비밀 하나를 말해 주었습니다.

"선녀가 날개옷을 잃어버린 일이 생긴 다음부터는 선녀들이 연못으로 내려오지 않아요. 그 대신 큰 두레박을 내려 보내서 연못의 물을 퍼 가요. 보름달이 뜨는 밤에 그 연못에 가면 큰 두레박이 하늘에서 내려오는데 그것을 타면 하늘 나라에 갈 수 있을 거예요."

나무꾼은 보름달이 뜨는 날을 기다렸다가 연못에 갔습니다. 사슴이 말한 것처럼 구름 속에서 큰 두레박이 내려왔습니다. 두레박이 내려오자 나무꾼은 얼른 두레박을 탔습니다. 두레박은 하늘 높이 올라가기 시작했습니다. 하늘 나라로 올라간 나무꾼은 선녀와 귀여운 아이들을 다시 만날 수 있었습니다. 그 후 선녀와 나무꾼은 하늘 나라에서 오래오래 행복하게 살았다고 합니다.

가. 해당되는 것에 줄을 그으십시오.

뒷이야기 Ⅰ	선녀는 세 번째 아이를 낳아서 하늘 나라에서 살 수 없었다.
뒷이야기 Ⅱ	나무꾼은 너무 슬퍼서 울다가 병에 걸렸다.
뒷이야기 Ⅲ	나무꾼은 두레박을 타고 하늘 나라에 가서 행복하게 살았다.
뒷이야기 Ⅳ	선녀는 나무꾼을 용서하고 하늘 나라로 가서 아이들을 데리고 온 다음 나무꾼과 행복하게 살았다.

나. 묻고 대답하십시오.

1. 〈뒷이야기Ⅰ〉에서 나무꾼은 죽은 다음에 어떻게 하늘 나라에 가게 되었어요?
2. 〈뒷이야기Ⅱ〉에서 선녀는 왜 세 번째 아이를 낳고 돌아왔어요?
3. 〈뒷이야기Ⅲ〉에서 선녀는 왜 하늘 나라에서 내려왔어요?
4. 〈뒷이야기Ⅳ〉에서 사슴이 말해 준 다른 비밀 하나는 뭐예요?
5. 여러분이 선녀라면(나무꾼이라면) 어떻게 했을 것 같아요? (자기 생각을 말해 보세요.)

다. 다음 단어와 표현을 이용해서 읽은 내용을 말해 보십시오.

나무꾼은 울다가 병에 걸려서 죽었는데 착한 사람이었기 때문에 하늘 나라에 올라가게 됐어요.

뒷이야기Ⅰ

나무꾼 / 울다 / 병 / 걸리다 / 죽다 / 착한 사람 / 하늘 나라 / 올라가다

뒷이야기Ⅱ

선녀 / 세 번째 / 아이 / 낳다 / 하늘 나라 / 살 수 없다 / 돌아오다

뒷이야기Ⅲ

선녀 / 나무꾼 / 용서하다 / 하늘 나라에 가다 / 아이들 데리고 다시 내려오다

뒷이야기Ⅳ

나무꾼 / 사슴 / 가르쳐 주다 / 비밀 / 듣다 / 연못에 가다 / 두레박 / 타다 / 하늘 나라 / 올라가다

라. 해 봅시다.

'선녀와 나무꾼'은 옛날 이야기입니다. 그림을 보고 친구들과 이야기를 해 본 후 뒷이야기를 만들어 보세요.

마. 써 봅시다.

'라'에서 이야기한 '선녀와 나무꾼' 뒷이야기를 쓰세요.

추가 자료 학생이 만든 '선녀와 나무꾼' 뒷이야기

혼자 남은 나무꾼은 너무 슬퍼서 산에 가서 혼자 울고 있었는데 하루는 어떤 할아버지를 만났습니다. 그 할아버지가 나무꾼에게 왜 울고 있냐고 물었고 나무꾼은 자기 이야기를 했습니다. 할아버지는 웃으며 선녀와 아이를 만나러 하늘나라로 갈 수 있는 방법을 가르쳐 줄 테니까 자기 일을 도와 달라고 했습니다. 나무꾼은 기뻐하면서 무슨 일이든지 다 도와주겠다고 약속했습니다.

할아버지는 나무꾼한테 나무하는 일을 그만두라고 하면서 같이 미국 뉴욕으로 가자고 했습니다. 나무꾼은 뉴욕으로 가서 깜짝 놀랐습니다. 도시도 너무 복잡하고 날씨도 안 좋고 도둑도 많았습니다. 할아버지는 자기가 원래 뉴욕 사람과 세계 사람들을 도와주고 보호하는 사람인데 이제 나이가 많아져서 그만두고 싶으니까 나무꾼한테 자기 대신 고통을 받거나 위험에 빠진 사람들 도우라고 했습니다.

나무꾼이 자기가 그렇게 해 주면 어떻게 선녀와 아이들을 만나게 해 줄 거냐고 했습니다. 할아버지가 파란 옷과 빨간 팬티를 주면서 입으라고 했습니다. 그리고 자기의 강한 힘을 받으면 날 수 있다고 했습니다. 나무꾼이 그 옷을 입고 할아버지의 힘을 받아서 하늘 나라로 날아가 선녀와 아이들을 만났습니다. 나무꾼은 하늘 나라에서는 그냥 보통 남편이었지만 어려운 사람들을 볼 때마다 땅으로 내려와 사람들을 돕는 일을 하는 슈퍼맨이 되었습니다.

-퀼란

단군 신화

대한민국의 첫 번째 나라 이름은 무엇입니까?

□ 고조선 □ 고구려 □ 백제 □ 신라 □ 고려

고조선	B.C.2333
고구려 · 백제 · 신라	B.C. 1C
통일신라	A.D. 676
고려	918
조선	1392
대한제국	1897
일제 강점기	1910
대한민국	1948

● 다음은 단군 신화에 나오는 사람들입니다. 어떤 관계일까요?

환인

환웅

웅녀

단군

단군은 어떻게 태어났습니까?

그러던 어느 날, 산 속에 사는 호랑이와 곰이 환웅에게 와서 사람이 되게 해 달라고 하였다.
그러자 환웅이 쑥과 마늘을 주면서 이렇게 말했다.
"사람이 되려면 백 일 동안 마늘과 쑥만 먹으면서 햇빛이 들어오지 않는 동굴 속에서 살아야 한다.
중간에 햇빛을 보거나 다른 음식을 먹으면 사람이 될 수 없다."
호랑이와 곰은 쑥과 마늘을 가지고 햇빛이 들어오지 않는 동굴 속으로 들어갔다.
쑥은 너무 쓰고 마늘은 너무 매워서 먹기가 힘들었다.

호랑이는 깜깜한 동굴 속에서 쑥과 마늘만 먹는 것을 참을 수가 없어서 동굴에 들어간 지 며칠 안 되어서 동굴 밖으로 뛰쳐나가 버렸다.
그러나 곰은 잘 참아서 아름다운 여자 웅녀가 되었다. 웅녀는 아이를 낳고 싶어했지만 결혼할 남자가 없었다.
그래서 아기를 낳게 해 달라고 매일 기도했다. 이것을 본 환웅은 웅녀와 결혼하였고 웅녀는 단군을 낳았다.

읽고 말하기❷

가. 읽고 맞으면 O, 틀리면 X 하십시오.

❶ 환웅은 하늘 나라 왕 환인의 아들인데 하늘에서 살고 싶어했다. (　　　)

❷ 환웅은 호랑이와 곰에게 사람이 되려면 100일 동안 아무것도 먹지 않아야 한다고 했다. (　　　)

❸ 호랑이는 동굴에서 생활하는 것이 힘들어서 뛰쳐나갔다. (　　　)

❹ 곰은 사람이 된 후 환웅과 결혼해서 단군을 낳았다. (　　　)

❺ 환웅이 세운 고조선은 한국 최초의 나라다. (　　　)

나. 묻고 대답하십시오.

❶ 환인은 환웅한테 방울을 주면서 뭐라고 했어요?

❷ 호랑이와 곰은 환웅을 찾아가서 어떤 부탁을 했어요?

❸ 환웅은 호랑이와 곰한테 어떻게 하라고 했어요?

❹ 호랑이와 곰 중에서 왜 곰이 사람이 될 수 있었다고 생각해요? (자기 생각을 말해 보세요.)

다. 다음 그림을 이용해서 읽은 내용을 말해 보십시오.

환웅

거울, 칼, 방울

바람, 비, 구름의 신

곰, 호랑이, 사람이 되다,
백 일, 쑥, 마늘, 동굴

곰, 참다, 웅녀가 되다, 아이를 낳다

단군, 고조선

라. 해 봅시다.

같이 이야기해 보세요.

[활동1] 여러분의 아들과 딸이 떠날 때 어떤 물건을 선물하고 싶어요?
왜 그런 물건을 주고 싶은지 이유를 말해 주세요.

[활동2] 여러분이 아는 건국 신화나 옛날 이야기를 친구에게 이야기해 보세요.

마. 써 봅시다.

여러분이 아는 건국 신화나 옛날 이야기를 쓰세요.

단원 정리

듣고 말하기 1

사슴
쫓아오다
얼른
숨겨 주다
뛰어오다
가리키다
은혜를 갚다
소원
그러자
장가를 가다
보름달이 뜨다
산꼭대기
연못
선녀
날개옷
(아기를) 낳다
절대로 안/못
몰래
(아기를) 안다
훨훨 날다

듣고 말하기 2

활짝 웃다
(땅을) 밟다
끄덕거리다
뵙다
꿈만 같다
편찮으시다
죽
등
쏟다
올려다 보다

읽고 말하기 1

불쌍하다
속이다
용서하다
감동을 받다

읽고 말하기 2

거울
태양
뜻하다
반성하다
감동시키다
훌륭하다
신
깜깜하다
참다
뛰쳐나가다
기도하다
성장하다
나라를 세우다
최초
국가

7

설득하기
추측하기

생활에 변화를 좀 주고 싶어요. 일을 그만두고 몇 달 쉴까 해요.
다시 일자리를 구하는 게 쉽지 않을 텐데 좀 더 생각해 보는 게 어때?

독립해서 살고 싶어요

부모님과 의견이 달랐던 적이 있어요? 부모님의 마음을 바꾸기 위해서 어떻게 했어요?

딸이 원하는 것은 무엇입니까? 아버지는 왜 딸의 의견에 반대합니까? 26

가. 맞으면 O, 틀리면 X 하십시오.

❶ 딸의 회사는 집에서 멀지만 지하철만 타면 갈 수 있다. (　　　)

❷ 딸은 회사에 도착하면 파김치를 먹는다고 했다. (　　　)

❸ 딸의 친구 중에 혼자 사는 친구들이 많다. (　　　)

❹ 딸은 돈을 아껴 쓸 자신이 있다고 했다. (　　　)

❺ 딸은 영어 학원과 헬스클럽에 다니고 있다. (　　　)

나. 묻고 대답하십시오.

❶ 딸은 왜 회사에 도착하면 파김치가 된다고 했어요?

❷ 아버지가 혼자서 사는 것은 위험하다고 했을 때 딸은 뭐라고 했어요?

❸ 아버지가 독립하면 저금을 못 한다고 했을 때 딸은 뭐라고 했어요?

❹ 딸은 독립해서 출퇴근 시간이 줄면 무엇을 할 수 있다고 했어요?

❺ 독립해서 살면 어떤 점이 좋고 어떤 점이 안 좋을 것 같아요? (자기 생각을 말해 보세요.)

다. 잘 듣고 빈칸을 채우십시오. 27

민정 : 아빠, ① ________________ 있는데요.

아빠 : 어, 그래. 뭔데?

민정 : 저기...... 저 ② ________________ 살고 싶어요.

아빠 : 독립을 한다고?

라. 잘 듣고 따라하십시오. (끊어 말하기) 28

버스 타고 지하철 갈아타고 회사에 도착하면 일도 하기 전에 파김치가 된다고요.

그리고 예전부터 한번 혼자서 살아 보고 싶었어요.

마. 대본을 실감나게 읽어 보십시오. P 193

바. 다음 단어와 표현을 이용해서 아빠와 딸처럼 말해 보십시오.

사. 해 봅시다.

[활동1] 아버지/어머니를 설득하는 대화를 친구와 해 보세요.

방학 때 혼자 한 달 동안 배낭 여행을 가려고 합니다.
위험하다고 반대하는 아버지를 설득하세요.

결혼하지 않고 혼자 살려고 합니다.
반대하는 어머니를 설득하세요.

[활동2] 다음 표현 중에 하나를 골라서 친구와 짧은 대화를 해 보세요.

- 파김치가 되다
- 고생을 사서 하다
- 아무리 생각해도 이해가 안 되다

예)
A : 민수 씨, 요즘 시험 준비 열심히 한다면서요?
B : 네, 이번 주는 매일 늦게까지 도서관에 있었어요.
어제도 파김치가 돼서 집으로 돌아갔어요.
A : 몸도 생각하면서 천천히 하세요.

설득하기, 추측하기

1 -잖아요

p 20

A : 우리 금요일 저녁에 회식할까요?
B : 금요일 저녁에는 모두 약속이 있잖아요. 목요일에 모입시다.

'-잖아요'를 사용해서 말해 보세요.

삼계탕 말고 냉면 먹으러 가요.
오늘 날씨가 너무 덥잖아요.

1. 점심 때 삼계탕 먹으러 갈래요?
2. 내일 미카 씨 생일인데 책을 선물할까요?
3. 동호회 모임 장소가 너무 멀어서 가고 싶지 않아요.
4. 회사 그만두고 유학을 떠나려고 해요.
5. 학교를 안 다니고 아르바이트 하면서 공부할까 해요.

2 -다고 해서 다 -은/는 것은 아니에요

p 21

A : 전자 제품은 백화점에서 사는 게 좋을 것 같아요. 비싼 물건이 품질도 좋아요.
B : 비싸다고 해서 다 품질이 좋은 것은 아니에요.

'-다고 해서 다 -은/는 것은 아니에요'를 사용해서 말해 보세요.

비싸다	≠	품질이 좋다
싸다	≠	품질이 나쁘다
좋은 대학교에 가다	≠	성공하다
혼자 살다	≠	위험하다
한국 음식	≠	맵다

3 -을 텐데② p 21

A : 이번 달 동호회 모임은 토요일 6시 강남에서 하기로 했어요.
B : 토요일은 길이 많이 막힐 텐데 그냥 신촌에서 모이는 게 어때요?

'-을 텐데'를 사용해서 말해 보세요.

내일도 출근해야 되잖아요.
다들 피곤할 텐데 오늘은 그냥 집에 가요!

❶ 오늘 회식 너무 좋았어요. 2차로 노래방에 가요.
❷ 아빠, 저 독립해서 살고 싶어요.
❸ 엄마, 집에서 강아지를 키워도 돼요?
❹ 이번 주말에 반 친구들과 다 같이 여행을 가고 싶어요.
❺ 졸업식 때 반 친구들과 같이 공연을 하고 싶어요. 같이 해요!

키우다
제대로

종합 연습

페이 씨가 학교를 그만두고 아르바이트를 하면서 한국어를 혼자 공부하겠다고 합니다.
문법을 사용해서 빈칸을 완성하고 친구와 연습해 보세요.

알렉스 : 페이 씨 오랜만이에요. 요즘 왜 수업에 안 나와요?

페 이 : 지난 주부터 아르바이트를 시작했는데 너무 바빠서 학교를 그만둘까 해요.
그냥 혼자 공부하려고요. 아르바이트하면서 한국어도 배울 수 있을 것 같거든요.

알렉스 : ________________ (이번 학기가 얼마 안 남았다). 그리고 ________________ (아르바이트를 하다 ≠ 한국어가 늘다).
계속 같은 표현만 쓰게 될 거예요. 수업에서 문법과 표현을 제대로 배우는 게 나을 것 같은데요.

페 이 : 그럴까요?

알렉스 : 수업료도 ________________ (환불이 안 되다) 좀 더 생각해 보세요.

종합 연습의 대화로 역할극을 해 보세요.
A : 학교를 그만두려고 한다고 말하세요.
B : 그만두지 말라고 설득하세요.

나하고 부산에 가는 게 어때?

이번 주말에 어떤 계획이 있습니까?

- 유나 씨와 소영 씨가 주말 계획에 대해 이야기합니다.

유나 씨는 이번 주말에 무엇을 하고 싶어합니까? 29

가. 듣고 메모하십시오.

유나 씨는 소영 씨를 어떻게 설득해요?

나. 대본을 읽으면서 친구와 연습해 보십시오. P194

다. 표현을 확인해 보십시오.

- 단풍은 내장산이 최고야.
- 세 시간 정도면 갈 수 있어.
- 역시 너밖에 없어.

라. 해 봅시다.

설득하는 대화를 만들어 보세요.

반 친구들과 여행을 계획 중입니다.
안 가려고 하는 친구를 설득해 보세요.

반 친구들과 졸업식 때 공연을 했으면 좋겠다고 생각합니다.
안 하려고 하는 친구를 설득해 보세요.

마. '라'에서 이야기한 것을 써 봅시다.

설득하는 역할극을 해 보세요

준비 다음 역할극 카드를 친구와 같이 읽고 어떤 상황인지 정리해 보세요.

1) 친구 설득하기

당신은 이번 학기가 끝나면 고향으로 돌아갈 예정입니다. 그래서 마지막으로 반 친구들과 추억을 쌓기 위해 여행을 계획 중입니다. 그런데 이런저런 핑계를 대면서 안 가려고 하는 친구가 한 명 있습니다. 친구에게 같이 가자고 설득하십시오.

당신의 같은 반 친구가 한국어 수업을 그만두고 아르바이트를 하면서 한국어를 배우겠다고 합니다. 당신은 아르바이트를 해도 말할 기회가 그렇게 많지 않을 것 같고 수업에서 제대로 문법과 표현을 배우는 것이 더 도움이 될 거라고 생각합니다. 이번 학기를 끝내고 다시 생각해 보면 안 되냐고 하면서 설득하십시오.

2) 부모님 설득하기

당신은 부모님께 6개월 동안 공부하고 돌아오겠다고 말하고 한국어를 배우러 한국에 왔습니다. 하지만 한국 생활이 정말 즐겁고 한국어 공부도 좀 더 하면 훨씬 늘 것 같다는 생각이 듭니다. 부모님은 빨리 귀국해서 취직하고 결혼해서 안정된 생활을 해야 하지 않겠냐고 하십니다. 1년 더 공부할 수 있게 해 달라고 부모님을 설득하십시오.

당신은 한국 남자/여자 친구와 사귀고 있습니다. 얼마 전에 당신은 프러포즈를 받았고 당신이 이에 대해 진지하게 생각해 본 후 결혼하기로 마음을 먹었습니다. 부모님은 오래 만나 보지 않았으니까 좀 더 생각해 보고 결정해야 하지 않겠냐고 하십니다. 부모님을 설득하십시오.

프러포즈
진지하게

설득하는 역할극을 해 보세요

3) 동료 설득하기

회사를 그만두고 유학을 떠나려고 하는 동료가 있습니다. 당신은 그 동료가 계속 회사에 다니는 게 좋다고 생각하고 있습니다. 경제가 안 좋으니까 유학 후에 새로 직장을 구하는 것이 어렵다고 하십시오. 또 회사에서 능력을 인정받고 있으니까 승진할 기회가 생길 거라고 설득하십시오.

회사에서 다음 주말에 부서 사람들과 등산을 가는 것이 결정되었습니다. 모든 직원들이 참석해야 한다고 합니다. 그런데 당신의 동료가 불평을 하면서 가지 않겠다고 합니다. 당신은 모임에 가면 사무실과는 다른 편안한 분위기에서 대화를 나눌 수 있으니까 직원들과의 관계가 좋아질 거라고 생각합니다. 동료를 설득하십시오.

활동 각자 맡을 역할을 정하고 대화해 보세요.

정리 제일 좋았던 이야기 하나를 발표해 보세요.

공익광고

다음 광고에서 말하는 메시지는 뭐라고 생각합니까?

다음 광고에 맞는 제목을 찾으십시오.

〈광고1〉

돈이라면 남기시겠습니까?

음식도 결국 돈입니다.
먹는 게 반, 남기는 게 반.
그렇게 남아서 버리는 음식물 쓰레기가 1년에 8조 원
음식물 쓰레기를 줄이는 일, 나부터 시작합시다.

〈광고2〉

아래층을 이해하고 배려하는
생각을 가지면 층간 소음으로 인한
이웃 간의 갈등을 해결할 수 있습니다.

〈광고3〉

8초만 마음 써 주세요.
현관문을 열어주는 시간 8초, 만원 버스 벨 대신 눌러 주는 시간 5초,
넘어진 자전거 일으켜 주는 시간 17초
버스 타는 휠체어 도와주는 시간 30초
하루 1분이면 충분합니다.

〈광고4〉

자동차 매연은 공기를 오염시킵니다.
자동차 대신 자전거를 이용하면 공기가 맑아집니다.
건강을 위해, 환경을 위해 가까운 거리는 자전거를 이용해 주세요.
그것이 환경을 지키는 하나의 방법입니다.

가. 관련 있는 것끼리 연결하십시오.

❶ 음식도	아래층 이웃에게는 고통이 될 수 있습니다	환경 보호
❷ 아름다운 선율도	결국 돈입니다	
❸ 세상을 아름답게 하는 시간	공기가 맑아집니다	이웃 사랑
❹ 자전거를 이용하면	1분이면 충분합니다	

나. 자세히 읽으십시오.

광고에서 다음 문장의 뜻은 무엇입니까? 알맞은 것을 고르십시오.

❶ 음식도 결국 돈입니다. 〈광고1〉
  a. 음식을 먹으려면 돈을 내야 한다.
  b. 음식을 남기면 돈을 버리는 것이다.

❷ 하루 1분이면 충분합니다. 〈광고3〉
  a. 다른 사람을 도와주는 일은 그렇게 많은 시간이 들지 않는다.
  b. 하루에 1분만 도와주면 충분하다.

다. 묻고 대답하십시오.

❶ 〈광고1〉 음식물 쓰레기를 줄이기 위해 어떻게 하자고 해요?
❷ 〈광고2〉 어떻게 하면 층간 소음을 해결할 수 있다고 해요?
❸ 〈광고3〉 어떻게 하면 아름다운 세상이 된다고 해요?
❹ 〈광고4〉 환경을 지키는 방법에는 어떤 것이 있다고 해요?

라. 해 봅시다.

[활동1] 같이 이야기해 보세요.

- 다음 광고에서 말하는 메시지가 뭐라고 생각하세요?

- 어떻게 하면 이 문제를 해결할 수 있을까요?

[활동2] 공익광고를 만들기 위해 친구들과 이야기해 보세요.

- 여러분이 바뀌었으면 좋겠다고 생각하는 문제는 어떤 것이 있어요?
- 어떻게 하면 그런 문제를 해결할 수 있을까요?
- 이야기를 한 후 가장 중요한 메시지를 한 문장으로 만들어 보세요.

마. 써 봅시다.

라. 〈활동2〉에서 이야기한 내용으로 공익광고를 만드세요.

자기 소개서

꼭 일해 보고 싶은 직장이 있습니까? 어떤 곳입니까?

- 직장에 지원할 때 무슨 서류를 준비해야 합니까?

- 자기 소개서는 자신을 광고하는 글입니다.
  자기 소개서에는 어떤 내용을 씁니까?

☐ 성장 과정 ☐ 성격의 장단점 ☐ 학교 생활 ☐ 군대 생활

☐ 경력 ☐ 지원 동기 ☐ 포부 ☐ ________

소영 씨가 제일 기획에 인턴 사원으로 지원한 동기는 무엇입니까?

자기 소개서

성장 과정

저는 광주에서 태어나서 대전에서 자랐습니다. 아버지는 전형적인 한국 남자로 일을 중요하게 생각하는 분이십니다. 하지만 바쁘신 중에도 자녀 교육에 많은 관심을 가지셨고 대화를 통해서 저를 늘 격려해 주셨습니다. 어머니는 고등학교 선생님이신데 이해심이 많고 따뜻한 분이십니다. 이런 부모님 덕분에 저는 큰 어려움 없이 성장할 수 있었습니다.

성격의 장단점

저는 성격이 밝고 매사에 적극적입니다. 책임감이 강해서 맡은 일을 끝까지 다 합니다. 다만 저는 상상력이 풍부해서 주위 사람들에게서 엉뚱하다는 말을 듣기도 합니다.

학교 생활 및 경력

저는 사람의 마음에 관심이 많아서 중·고등학교 때부터 심리학 책을 많이 읽었습니다. 특히 사회 심리에 관심이 많아서 대학에서 심리학을 전공하게 됐습니다. 나중에 졸업 논문은 「사회 심리와 상품 광고의 관련성」에 대해서 쓰려고 합니다.

대학 2학년 때 해외 자원 봉사자로 베트남에서 6개월 동안 컴퓨터를 가르쳤습니다. 그리고 한국에 돌아오기 전에 2개월 동안 캄보디아, 라오스, 태국, 미얀마 등을 여행했는데 자원봉사 활동과 여행은 제 인생에서 가장 소중한 경험이었습니다. 저는 그 경험을 통해서 자신을 더 잘 알게 되었고 자신감을 얻게 되었습니다.

지원 동기 및 입사 후 포부

제일 기획에 지원한 가장 큰 이유는 제일 기획의 자유로운 분위기가 저와 잘 맞을 것 같다고 생각했기 때문입니다. 또한 직원 대우가 좋고 직원들이 회사에 자부심을 갖고 일한다고 들었습니다. 저도 그런 회사에서 일하면서 제 능력을 인정받고 싶습니다. 제일 기획에서 일하게 된다면 제 전공을 살려서 회사 일에 많은 도움이 될 수 있도록 최선을 다해서 열심히 일하겠습니다. 감사합니다.

가. 맞으면 O, 틀리면 X 하십시오.

❶ 소영 씨의 아버지는 바쁘셔서 소영 씨에게 관심을 가져 주지 못했다. (　　　)

❷ 소영 씨는 밝고 적극적이지만 책임감은 부족한 편이다. (　　　)

❸ 소영 씨는 광고에 관심이 많아서 대학에서 광고를 전공한다. (　　　)

❹ 소영 씨는 6개월 동안 베트남을 여행한 경험이 있다. (　　　)

❺ 제일 기획은 분위기가 자유롭고 직원 대우가 좋다. (　　　)

나. 묻고 대답하십시오.

❶ 소영 씨 부모님은 어떤 분이십니까?

❷ 소영 씨 성격은 어떻습니까?

❸ 소영 씨는 왜 심리학을 전공합니까?

❹ 소영 씨는 대학 2학년 때 어떤 경험을 했습니까?

❺ 소영 씨는 제일 기획에서 일하게 되면 어떻게 하겠다고 포부를 말했습니까?

다. 다음 단어와 표현을 이용해서 읽은 내용을 말해 보십시오.

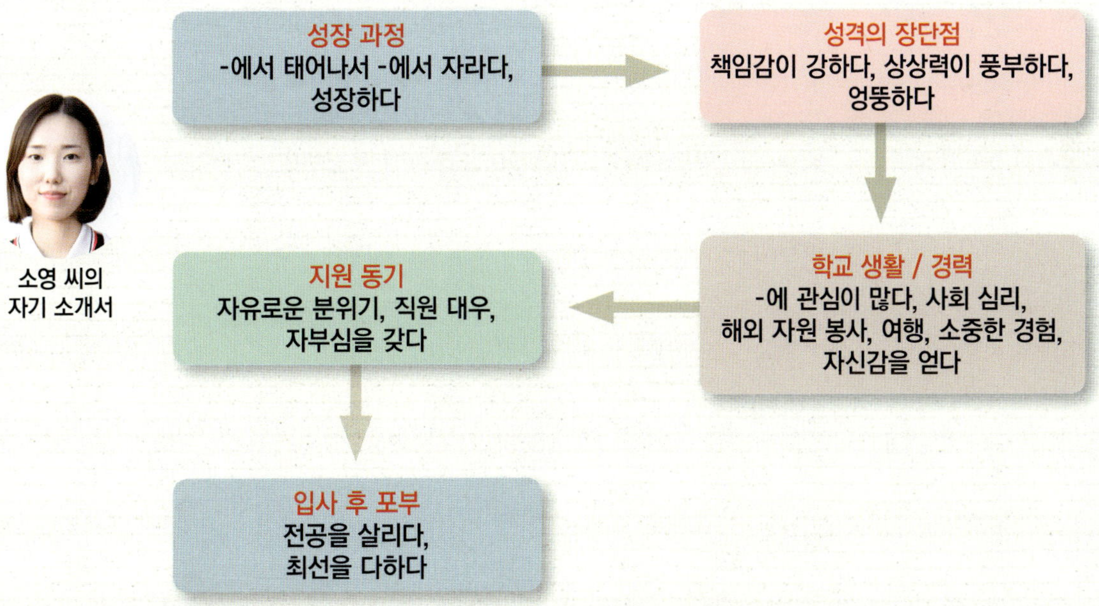

라. 해 봅시다.

여러분의 자기 소개서에는 어떤 내용이 들어갈까요? 같이 이야기해 보세요.

- 성장 과정
- 성격의 장단점
- 학교 생활 / 전공
- 경력 및 기타 경험
- 지원 동기 및 입사 후 포부

마. 써 봅시다.

'라'에서 이야기한 내용으로 자기 소개서를 쓰세요.

단원 정리

듣고 말하기 ①

드릴 말씀이 있는데요.
독립하다
파김치가 되다
예전
무조건
경비 시스템
집값
저금하다
모아두다
보증금
절약하다
아껴 쓰다
도움 없이
아무리 생각해도 이해가 안 된다.
신경 써야 할 게 한두 가지가 아니야.
고생을 사서 하다
시간을 버리다
길에 버리는 시간이 너무 아까워요.
차라리

듣고 말하기 ②

단풍이 지다
A는 B가 최고야.
감독
역시 너밖에 없어.

읽고 말하기 ①

(음식을) 남기다
음식물 쓰레기
-을 줄이다
이웃
고통
배려
층간 소음
갈등
마음 쓰다
일으켜 주다
충분하다
매연
-을 오염시키다

읽고 말하기 ②

전형적이다
자녀
매사
책임감이 강하다
다만
상상력이 풍부하다
엉뚱하다
경력
소중하다
자신감을 얻다
포부
(회사에) 지원하다
직원 대우
자부심을 갖다
전공을 살리다
최선을 다하다

8

물건 묘사하기

와, 재밌다. 이런 게 있어? 어디서 샀어?
인터넷에서. 기대했던 것 이상으로 좋았어.
크기가 어떻게 돼?

가로는 1m쯤 되고 세로는 2m가 안 돼요

여러분은 어떤 전자 제품을 즐겨 씁니까? 다음 중 겨울에 많이 쓰는 제품을 찾아 보십시오.

☐ 가습기	☐ 에어컨	☐ 전기 장판
☐ 제습기	☐ 선풍기	☐ 전기 히터

- 학기 말입니다. 한국어 수업이 끝난 후 미카 씨와 알렉스 씨가 이야기를 나눕니다.

알렉스 씨는 귀국하기 전에 무슨 물건을 팔려고 합니까? 30

가. 듣고 맞으면 O, 틀리면 X, 알 수 없으면 △ 하십시오.

1. 미카 씨가 알렉스 씨한테 벼룩시장에서 물건을 팔래요. (　　　　)
2. 알렉스 씨는 작년 겨울에 너무 추워서 힘들었어요. (　　　　)
3. 전기 장판은 세로가 2미터가 넘고 온도 조절 기능이 있대요. (　　　　)
4. 알렉스 씨는 미카 씨한테 사용하던 전기 포트를 주기로 했어요. (　　　　)
5. 알렉스 씨의 전기 포트는 뚜껑이 깨져서 사용하기 불편해요. (　　　　)

나. 묻고 대답하십시오.

1. 알렉스 씨는 구입한 전자 제품을 왜 가지고 가지 않는대요?
2. 알렉스 씨는 전기 장판의 크기를 어떻게 설명했어요?
3. 알렉스 씨가 구입한 전기 장판의 특징에 대해서 말해 보세요. (두 가지)
4. 알렉스 씨가 사용하던 전기 포트는 어떤 점이 편해요?
5. 전기 포트에 어떤 문제점이 있어요?

다. 잘 듣고 빈칸을 채우십시오. 31

알렉스 : 제가 한국에서 구입한 전자 제품들이 좀 있거든요. 미국에 돌아가면
① ________도 안 맞고 ② ________도 커서 팔고 싶은데 어떻게
해야 할지 모르겠어요.

라. 잘 듣고 따라하십시오. (발음, 억양) 32

1인용 전기 장판인데 좀 큰 편이에요.

가로는 1미터쯤 되고 세로는 2미터가 안 돼요.

마. 대본을 실감나게 읽어 보십시오. P 195

바. 다음 단어와 표현을 이용해서 알렉스 **씨처럼 말해 보십시오.**

가로 : 1미터쯤 되다

세로 : 2미터가 안 되다

특징 : 켜면 금방 따뜻해지다, 예약 기능,
시간을 맞춰 놓고 자면 저절로 꺼지다

가로 : 한 이만 하다

용량 : 물이 1리터 정도 들어가다

특징 : 물이 금방 끓다, 다 끓으면 자동으로
전원이 꺼지다, 온도 조절 기능

사. 해 봅시다.

여러분이 가지고 있는 가전 제품을 묘사해 보세요.

물건 묘사하기

1 모양, 감촉, 재료 어휘

p 23

1) 모양 어휘입니다. 연습해 보세요.

모양이 둥근 것에는 뭐가 있어요?

벽 시계가 둥글어요.

☐ 길쭉하다 ☐ 네모나다 ☐ 세모나다 ☐ 둥글다

우산이 ________

TV가 ________

김밥이 ________

공이 ________

2) 감촉 어휘입니다. 연습해 보세요.

감촉이 부드러운 것에는 뭐가 있어요?

아기 피부가 부드러워요.

☐ 딱딱하다 ☐ 푹신하다 ☐ 부드럽다

스카프가 ________

소파가 ________

나무 침대가 ________

3) 재료 어휘입니다. 연습해 보세요.

☐ 비 닐　　☐ 유 리　　☐ 천　　☐ 플라스틱

비닐로 만들어진 것에는 뭐가 있어요?

우산이 비닐로 만들어졌어요.

2 명만 해요

p 23

A : 노트북 크기가 어떻게 돼요?
B : 우리 교과서만 해요.

'명만 해요'를 사용해서 말해 보세요.

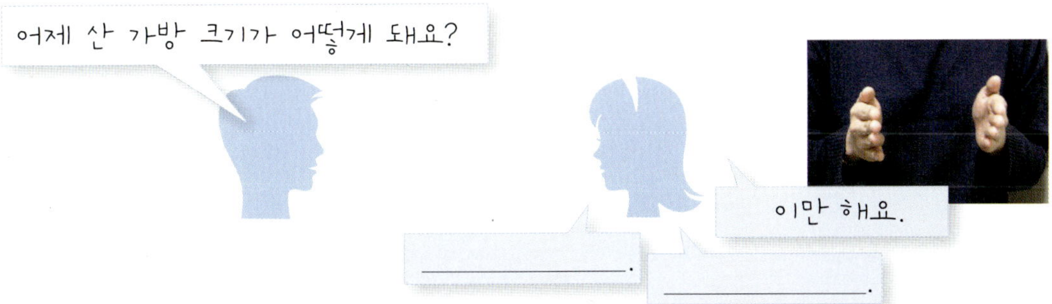

3 -이 넘어요, -이 안 돼요

p 24

A : 책상 크기가 어떻게 돼요?
B : 가로는 2미터가 넘고요, 세로는 2미터가 안 돼요. 높이는 70센티미터가 넘어요.

스탠드 / 높이 1m 10cm

시계 / 가로 22cm

창문 / 가로 96cm

서랍장 / 세로 58cm

텀블러 / 길이 23cm

종합 연습

루이와 페이 씨가 물건 묘사 게임을 합니다. 문법을 사용해서 빈칸을 완성하고 친구와 연습해 보세요.
아래의 물건 카드를 이용하세요.

루이: 이건 어떤 물건일까요? 맞혀 보세요.

모양이 둥글고 길쭉해요. 스테인레스로 만들어져서 딱딱하고요.

가로는 10cm가 ________________ (안 되다) 높이는 20cm가 ________________ (넘다).

제가 자주 사용하는 큰 컵 ________________ (만 하다).

페이: 음……

루이: 보통 물을 마실 때 사용해요.

페이: 아, 뭔지 알겠다. 텀블러 아니에요?

종합 연습의 대화로 역할극을 해 보세요.

버리고 싶은 물건이나 새로 바꾸고 싶은 물건이 있어요? 묘사해 보세요.

시계가 어떻게 운동이 되니?

여러분은 아침에 잠이 안 깰 때 어떻게 합니까?

● 유나 씨가 얼마 전에 구입한 알람 시계에 대해서 이야기합니다.

알람을 끄려면 어떻게 해야 됩니까? 33

가. 듣고 메모하십시오.

유나 씨의 알람 시계는 어떻게 생겼어요?

길이 -

무게 -

색깔 -

나. 대본을 읽으면서 친구와 연습해 보십시오. P196

다. 표현을 확인해 보십시오.

- 기대했던 것 이상으로 좋았어.
- 운동이 되다
- 올렸다 내렸다 해야 돼.

라. 해 봅시다.

A : 새로 물건을 구입했습니다. 어떤 특징이 있는지 어떻게 생겼는지 설명해 주세요.

B : 어디에서 샀는지 물어보세요.

〈플러그 열쇠고리〉

특징 : 보통 때는 열쇠고리를 콘센트에 꽂아서 보관하고 필요할 때 빼서 사용할 수 있다
크기 : 콘센트 - 가로 8cm, 세로 8cm / 플러그 - 길이 9cm
색깔 : 콘센트 - 흰색 / 플러그 - 연두색, 노란색
장점 : 열쇠를 자주 잃어버리는 사람에게 좋다

〈USB 슬리퍼〉

특징 : 컴퓨터에 연결하는 케이블을 빼면 보통 슬리퍼로 사용할 수 있다
크기 : 가로 11cm, 세로 28cm / USB 케이블 1m 52cm
색깔 : 갈색, 주황색
장점 : 오랫동안 컴퓨터를 사용하는 사람이나 발이 시려서 고생하는 사람에게 좋다

마. '라'에서 이야기한 것을 써 봅시다.

즐겨 쓰는 물건에 대해 이야기해 보세요

준비

1. 즐겨 쓰는 물건에 대해서 생각해 보세요.
2. 크기와 모양, 재료 등을 어떻게 설명할지 정리해 보세요.

활동

A : 친구에게 묘사할 물건을 그리세요.
물건의 크기와 모양, 재료 등을 설명하고 그 물건을 좋아하게 된 이유도 말해 보세요.

B : 친구의 설명을 듣고 질문해 보세요.

정리

묘사를 가장 잘한 사람을 뽑으세요.

이달의 아이디어 상품

여러분은 보통 어떤 새해 결심을 하십니까?

다음 상품은 새해 결심을 돕는 아이디어 상품입니다.
세 가지의 기능을 가지고 있는 재미있는 상품인데 어떤 기능이 있을까요? ※

다음은 새해 결심을 작심삼일로 끝나지 않게 도와주는 상품입니다.
어떤 아이디어 상품일 것 같습니까?

클라키

원숭이 트레이너

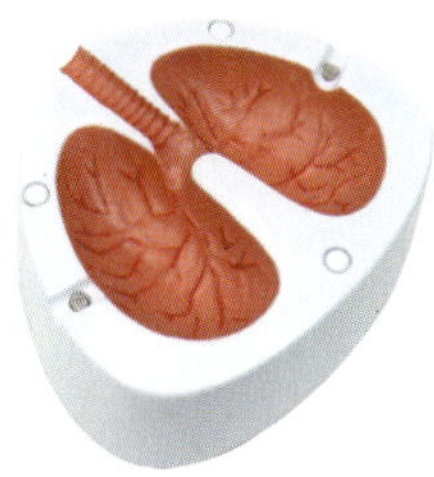
기침하는 재떨이

※ 이 상품은 알람과 시계 기능 그리고 저금통의 기능을 한다. 알람이 울리면 시계 저금통에 동전을 넣어야 한다. 1분이 지나면 알람이 자동으로 꺼지고 폭탄이 조용해진다. 동전을 넣지 않으면 알람소리가 점점 커지는데 마지막에 폭탄이 터지고 시계 저금통 안에 있는 돈이 다 쏟아져 나온다.

새해 결심을 도와주는 이달의 추천 상품에는 어떤 것이 있습니까?

이달의 아이디어 상품

새해가 되면 사람들은 이런저런 결심을 한다. 담배를 끊겠다거나 운동을 하겠다는 등의 결심이 대표적이다. 하지만 이러한 새해 결심은 작심삼일로 끝날 때가 많다. 이런 사람들을 도와줄 재미있는 아이디어 상품들이 나왔다. 이달의 추천 상품으로 올해는 부지런하게, 멋지게, 건강하게 달라진 당신의 모습을 기대해 보자.

1. 아침형 인간 되기

새해가 되면 누구나 좀 더 부지런하게 살고 싶어진다. 일찍 일어나서 운동도 하고, 외국어 공부도 하려는 사람들을 위한 추천 상품 클라키. 클라키는 잡아서 알람을 끄지 않으면 이상한 소리를 내며 계속 돌아다니는 알람 시계다. 크기는 가로 세로 15㎝가 안 되는 작은 사이즈로 한 손에 쏙 들어 온다. 그리고 양쪽에 큰 바퀴가 달려 있는데 시간이 되면 이리저리 움직이기 때문에 알람을 끄기 위해서 일어날 수밖에 없다. 바퀴가 고무로 되어 있어서 높은 곳에서 떨어져도 쉽게 부서지지 않는다. 조금 시끄럽긴 하지만 당신이 제시간에 일어나게 도와주는 클라키. 잠이 많아 일어나지 못하는 당신. 새해에는 클라키의 도움으로 아침형 인간이 되어 보자.

2. 멋진 나로 변신하기

운동을 통해 멋진 나로 변신하고 싶은 사람들을 위해 태어났다. 당신과 함께 운동을 해 줄 원숭이 트레이너. 무게가 1kg이고 팔다리 길이가 50㎝가 넘는 이 상품은 귀여운 운동 도구인데 다양하게 활용할 수 있어 인기가 많다. 시간을 따로 내서 운동할 필요 없이 일상생활 속에서 원숭이 트레이너를 발목에 감고 집안일을 하다 보면 자연스럽게 운동이 된다. 팔에 감고 스트레칭을 하면 운동에 더 효과적이다. 또한 실내 장식, 휴대폰 꽂이, 장난감 등으로 활용할 수 있다. 운동할 시간이 없다고, 바쁘다고 핑계 대지 말고 오늘부터 원숭이 트레이너와 함께 시작해 보자.

3. 건강하게 생활하기

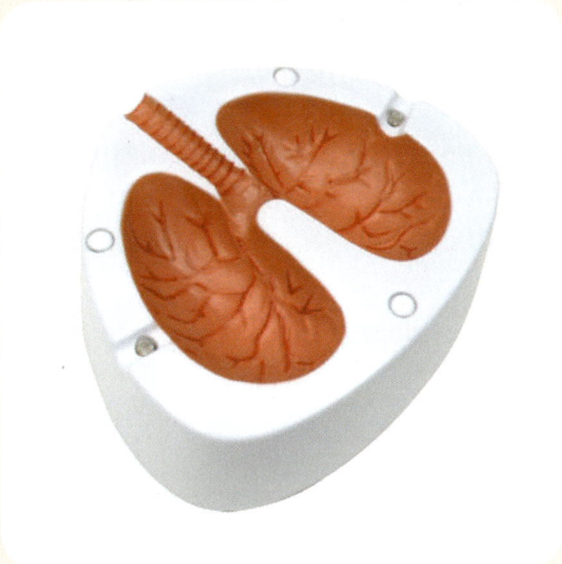

새해 결심 중에서 금연도 빠질 수 없다. 몸에 해롭다는 것을 알면서도 끊기가 쉽지 않은 담배. 결심은 하지만 실천이 어려운 금연. 이제 걱정할 필요가 없다. 이 상품 하나면 OK~. 새해에는 사랑하는 사람의 건강을 위해 좀 더 강력한 금연 상품을 선물해 보는 건 어떨까? 담배를 끊었으면 좋겠다고 생각하는 분에게도 적극 추천한다. 기침하는 재떨이. 이 상품은 폐 모양으로 되어 있는데 여기에 담뱃재를 떨면 폐에 구멍이 난 것처럼 보여 시각적인 효과가 있다. 그리고 담뱃재를 떨면 왼쪽 폐에서는 콜록콜록 기침 소리가 나고, 오른쪽 폐에서는 "Oh, No~"라는 소리가 나기 때문에 자연스럽게 담배를 피우고 싶은 생각이 없어진다.

가. 읽고 맞으면 O, 틀리면 X 하십시오.

❶ 클라키는 잠이 많아 일어나지 못하는 사람에게 좋은 상품이다. ( )

❷ 클라키는 알람을 끄지 않으면 계속 돌아다니기 때문에 쉽게 고장이 난다. ( )

❸ 원숭이 트레이너는 원래 실내 장식을 위해 만든 인형인데 운동할 때 사용하면 좋은 상품이다. ( )

❹ 원숭이 트레이너는 시간을 따로 내서 운동할 필요 없이 생활할 때 발목에 감고 집안일을 하다 보면 자연스럽게 운동이 된다. ( )

❺ 기침하는 재떨이는 감기에 자주 걸리는 사람들을 위해 건강하게 생활할 수 있도록 도와주는 건강 상품이다. ( )

❻ 기침하는 재떨이는 상품의 모양이나 나오는 소리 때문에 자연스럽게 담배를 피우고 싶은 마음이 없어진다. ( )

나. 묻고 대답하십시오.

❶ 이달의 아이디어 상품은 어떤 사람들을 위해서 나온 상품이에요?

❷ 클라키는 어떤 알람 시계예요?

❸ 원숭이 트레이너를 어떻게 다양하게 이용할 수 있어요?

❹ 기침하는 재떨이는 어떻게 생겼어요? 자세하게 설명해 주세요.

❺ 여러분은 어떤 아이디어 상품이 제일 마음에 들어요? (자기 생각을 말해 보세요.)

다. 다음 단어와 표현을 이용해서 읽은 내용을 말해 보십시오.

아침형 인간 되기

클라키 / 알람 시계 / 가로 세로 / 15cm가 안 되다 / 고무 바퀴가 달려 있다 / 쉽게 부서지지 않는다.

멋진 나로 변신하기

원숭이 트레이너 / 운동도구 / 무게가 1kg / 팔다리 길이가 50cm가 넘다 / 다양하게 활용할 수 있다.

건강하게 생활하기

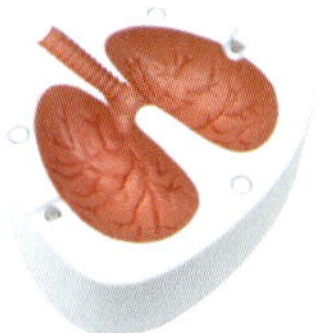

기침하는 재떨이 / 폐 모양으로 되어 있다 / 담뱃재를 떨다 / 왼쪽 폐 / 콜록 콜록 기침 소리가 나다 / 오른쪽 폐 / "Oh, No~"라는 소리가 나다.

라. 해 봅시다.

여러분이 아는 아이디어 상품을 설명해 보세요. (모양, 기능, 가격)

- 그 물건을 다른 사람에게 선물한다면 누구에게 선물하고 싶어요?
- 왜 그 사람에게 선물하고 싶어요?

마. 써 봅시다.

아이디어 상품이나 있었으면 좋겠다고 생각하는 물건을 상상해서 쓰세요.

버리지 못하는 물건

여러분은 물건을 잘 버리는 편입니까? 아니면 잘 버리지 못하는 편입니까?

- 이기진 교수님의 연구실입니다. 교수님 책상 위에는 여러 가지 물건들이 쌓여 있습니다. 여러분의 책상은 어떻습니까? 책상 서랍 안에는 뭐가 들어 있습니까?

교수님은 책상 위에 있는 물건 중에서 어떤 것에 대해 말합니까?

주위를 보면 잘 버리는 사람과 절대 못 버리는 사람이 있다. 잘 버리는 사람은 가방이나 책상을 정리할 때 필요없다고 생각되는 서류들을 바로 찢어 버린다. 한 번도 입지 않은 옷도 망설이지 않고 버린다. 그래서 주변이 항상 깨끗하게 잘 정리되어 있다. 반대로 뭐든지 모으고 버리지 못하는 사람은 물건 하나하나에 의미를 두기 때문에 쉽게 버리지 못한다. 잘 버리는 사람은 이런 사람의 마음을 이해하지 못한다. 저런 것을 왜 가지고 있는지 답답하게 생각한다.

나는 잘 버리지 못하는 사람이다. 그래서 내 서랍 속에는 물건들이 많이 있는데 나의 유학 생활을 추억하게 해 주는 맥주병 뚜껑도 있다. 내가 파리에 유학 간 지 두 달 쯤 됐을 때 공부가 어려워서 유학을 포기하고 돌아갈지 계속 공부할지 심각하게 고민을 한 적이 있다. 하루는 세느(=센) 강가에서 혼자 맥주를 마시며 많은 생각을 했다. 아무리 생각하고 또 생각해도 포기하면 후회할 것 같아서 다시 힘을 내기로 마음먹었다. 그래서 그날의 느낌과 결심을 간직하고 싶은 마음에 맥주병의 뚜껑 중 한 개를 주머니에 넣고 집으로 돌아왔다. 다른 사람들이 보면 쓰레기지만 나에게는 그때의 기억이 담긴 소중한 물건이다.

나는 모아 놓은 물건들을 여기저기 늘어놓고 만져 보고 감상하는 것을 좋아한다. 그리고 많은 물건 속에서 가끔 뭔가를 찾다가 '앗! 이런 것도 있었나?!'하고 발견하는 것을 즐긴다. 그래서 내 책상 위에는 여러 가지 물건들이 늘 놓여 있다. 이런 내 책상을 보며 동료 교수들은 어떻게 여기서 연구할 수 있냐고 한마디씩 한다.

가. 맞으면 O, 틀리면 X 하십시오.

❶ 글쓴이는 잘 버리지 못하는 사람을 답답하게 생각한다. (　　)
❷ 글쓴이는 파리에 유학을 간 지 두 달 만에 포기하고 돌아왔다. (　　)
❸ 병 뚜껑은 유학 시절의 기억이 담겨 있는 물건이다. (　　)
❹ 글쓴이는 인터뷰할 때 낙서하면서 메모한다. (　　)
❺ 글쓴이는 오늘 수첩 정리를 다 끝내지 못했다. (　　)

책상 위에 수첩이 너무 많이 쌓여 있어서 이번 달에는 수첩을 정리하기로 했다. 일 년 동안 쓴 수첩이 15권이 넘는다. 인터뷰를 할 때 사용한 것들인데 각각 모양과 종류가 다 다르다. 수첩 안에는 일 년 동안 한 일들이 가득 적혀 있었다. 그중에서도 안동을 여행하다가 만난 골동품 전문가를 인터뷰할 때 쓴 내용이 눈에 띄었다. 그분이 내 수첩에 직접 그림을 그리며 설명해 줬던 일이 생생하게 떠올랐다. 다른 사람들이 보면 낙서처럼 보일지도 모르지만 지나간 시간들을 추억할 수 있는 이 수첩들은 내게는 의미가 있는 물건이다.

며칠 째 수첩을 정리하고 있는데 언제 끝날지 모르겠다. 오늘은 꼭 정리해야지 생각했지만 지나간 시간을 다시 보는 재미에 빠져 오늘도 수첩 정리는 물 건너간 것 같다.

나. 묻고 대답하십시오.

1. 물건을 버리지 못하는 사람은 어떤 이유로 쉽게 버리지 못한다고 해요?
2. 글쓴이는 세느(=센) 강가에 앉아서 어떤 고민을 했어요?
3. 글쓴이는 왜 병 뚜껑을 가지고 돌아왔어요?
4. 동료 교수들은 글쓴이의 책상을 보며 뭐라고 한마디씩 해요?
5. 글쓴이는 왜 오늘도 수첩 정리는 물 건너간 것 같다고 했어요?

다. 다음 단어와 표현을 이용해서 읽은 내용을 말해 보십시오.

글쓴이는 잘 버리지 못하는 사람이에요.

글쓴이 / 잘 버리지 못하다 / 사람이다.

글쓴이 / 서랍 속 / 물건이 많다 / 유학 생활 / 추억하게 해 주다 / 맥주병 뚜껑도 있다.

그리고 / 글쓴이 / 책상 위 / 수첩 / 많이 / 쌓여 있다.

수첩 안에 쓰다 / 내용 / 다른 사람들이 보다 / 낙서처럼 보일지도 모른다 / 글쓴이 / 의미가 있다 / 물건이다.

라. 해 봅시다

같이 이야기해 보세요.

- 어떤 것을 포기할지 계속할지 심각하게 고민한 적이 있어요?
- 글쓴이는 '그날의 느낌과 결심을 간직하고 싶은 마음에 맥주병 뚜껑 중 한 개를 주머니에 넣고 집으로 돌아왔다.' 라고 했습니다.
  여러분에게도 추억이 담긴 물건이 있어요?

마. 써 봅시다.

버리지 못하는 물건이나 소중한 물건에 대해 쓰세요.

이기진 교수는 마이크로 웨이브로 세상을 보는 법을 연구하는 물리학자이며 서강대학교 물리학과에 재직 중이다. 일본, 아르메니아, 러시아, 프랑스 등 여러나라에서 유학 생활을 했다. 세상에 대한 호기심을 키워 수필집, 물리학 책, 그림 동화 책 등 다채로운 책을 내놓았는데 그 중에는 유학 시절 두 딸에게 한글을 가르치려고 만든 그림 동화책도 있다. 인기 아이돌 그룹 2NE1 리더인 큰딸 CL은 한 인터뷰에서 '아버지의 끝없는 창작 활동과 열정이 나에게 이어지고 있는 것 같다'고 했다.

단원 정리

듣고 말하기 ❶

눈 깜짝할 사이에
시간이 지나갔어요.

전압이 안 맞다

부피가 크다

1인용

전기 장판

가로

세로

시간을 맞춰 놓고 자다

저절로

꺼지다

전기 포트

크기

리터

온도 조절 기능

저야 좋지요.

뚜껑이 잘 안 닫히다

세게 탁 치다

듣고 말하기 ❷

아령

기대했던 것 이상으로 좋았어.

운동이 되다

알람이 울리다

(30) 회

올렸다 내렸다 하다

그런 게 있어?

잠이 깨다

읽고 말하기 ❶

아이디어 상품

아침형 인간

소리를 내다

한 손에 쏙 들어오다

양쪽

바퀴

이리저리

고무

부서지다

제시간

변신하다

무게

발목에 감다

실내 장식

(휴대폰) 꽂이

활용하다

금연

몸에 해롭다

강력하다

기침하다

재떨이

폐

담뱃재를 떨다

구멍이 나다

콜록콜록

읽고 말하기 ❷

의미를 두다

서랍

추억하다

심각하다

간직하다

늘어놓다

만지다

생생하다

떠오르다

낙서

-는 재미에 빠지다

물 건너가다

부록

듣고 말하기 1, 2 대본

듣고 말하기 1

1

2

동호회 모임에 참석해 주셔서 감사합니다

P18

〈상황〉 여행 동호회 모임입니다. 신입 회원들이 오늘 모임에 처음 참석했습니다.

사회자 : 오늘 동호회 모임에 참석해 주셔서 감사합니다. 먼저 신입 회원들의 인사가 있겠습니다. 자기소개와 가입 동기를 간단히 말씀해 주십시오. 이지민 씨부터 할까요?

이지민 : 안녕하세요? 이지민이라고 해요. 작은 회사에 다니구요(=다니고요). 인터넷에서 좋은 여행 동호회를 찾다가 이곳을 알게 됐어요. 동호회는 처음이라서 좀 망설이다가 생활에 변화를 주고 싶어서 가입하게 됐어요. 회원분들과 함께 다니면 더 즐겁게 여행할 수 있을 것 같아요. 만나서 반갑습니다.

회 원 : 나이가 어떻게 되시는데요?

이지민 : 스물 여덟입니다.

사회자 : 네, 마음이 통하는 여행 친구를 꼭 찾으시기를 바랍니다. 다음은 김승우 씨!

김승우 : 안녕하세요? 서강대학교 국어국문학과 3학년 김승우입니다. 여행을 통해 많은 경험을 하고 싶어서 이 동호회에 가입하게 됐습니다.

사회자 : 대학교에도 여행 동아리가 있지 않아요?

김승우 : 물론 있습니다. 하지만 저는 학교 밖에서 생활하시는 분들을 만나고 싶었습니다. 여기에서 여행 정보도 얻고 선배님들도 많이 알게 되면 정말 좋을 것 같습니다. 열심히 활동하겠습니다.

사회자 : 제대한 지 얼마 안 되셨나 봐요.

김승우 : 네, 제대한 지 2개월 됐습니다.

사회자 : 아, 네. 그래서 아주 씩씩하시군요. 다음은 스테판 씨!

스테판 : 안녕하세요? 저는 독일에서 온 스테판입니다. 한국에 온 지 1년쯤 됐구요(=됐고요). 대학생 때 한국어를 배우러 왔었는데 그때 한국에서 일해 보고 싶다고 생각했어요. 그래서 졸업 후에 다시 한국에 오게 됐고 지금은 K회사에서 인턴 사원으로 일하고 있어요. 제 회사 동료가 이 동호회에 가입하면 여기저기 여행도 할 수 있고 좋은 사람들도 많이 사귈 수 있다고 해서 가입하게 됐어요.

회 원 : 한국어를 참 잘하시네요.

스테판 : 잘하기는요. 아직 멀었어요. 많이 부족하니까 여러분이 많이 도와주세요.

회 원 : 여행은 많이 해 보셨어요?

스테판 : 좋은 곳이 많다고 들었는데 아직 부산밖에 못 가 봤어요. 다른 곳도 많이 가 보고 싶어요.

1 듣고 말하기❷

일본에서 온 미카라고 합니다

5

P23

〈상황〉 커피 동호회 모임입니다. 신입 회원, 미카 씨와 김유진 씨가 다른 회원들 앞에서 자기소개를 합니다.

사회자 : 오늘 사회를 맡은 이승기입니다. 이렇게 모임에 참석해 주셔서 감사합니다.
오늘은 신입 회원이 오셨는데요.
자, 미카 씨, 앞으로 나와 주시기 바랍니다.
자기소개와 가입 동기를 간단히 말씀해 주세요.

미 카 : 반갑습니다. 저는 일본에서 온 미카라고 합니다. 한국에 온 지 6개월쯤 됐고 지금은 아르바이트를 하면서 한국어를 배우고 있습니다. 커피에 관심이 많았는데 제 친구와 이야기하다가 이 동호회를 알게 돼서 가입하게 됐습니다. 앞으로 이 모임에서 한국 친구도 많이 사귀고 다양한 경험도 쌓고 싶습니다.
잘 부탁드립니다.

사회자 : 네, 반갑습니다. 미카 씨에게 질문이 있으시면...... 아, 네!

회 원 : 아르바이트를 한다고 하셨는데 어디서(=어디에서) 일하시는지......

미 카 : 홍대에 있는 일본 라면 가게예요. 나중에 위치를 알려드릴 테니까 한번 들러 주세요.

회 원 : 네, 그럴게요.

사회자 : 네, 다음은 김유진 씨!

김유진 : 안녕하세요? 김유진입니다.
커피를 너무 좋아해서 배워 보고 싶었는데 그동안 기회가 없었어요.
그런데 얼마 전에 삼청동에 있는 카페에 갔다가 이 동호회에 가입하면
커피를 만드는 방법도 배울 수 있다고 해서 가입하게 됐어요.
커피를 좋아하기만 하고 아는 게 별로 없어요. 많이 가르쳐 주세요.

듣고 말하기 ❶

2

조언 한 말씀 부탁드립니다

6

P38

〈상황〉 핀란드에서 온 따루 씨는 인기 있는 방송인입니다. 오늘은 기자가 따루 씨가 운영하는 막걸리 전문점으로 따루 씨를 인터뷰를 하러 갔습니다.

기자 : 오늘은 핀란드에서 오신 방송인 따루 씨를 만나서 이야기를 나눠 보겠습니다.
따루 씨, 바쁘신데 이렇게 시간을 내 주셔서 감사합니다.

따루 : 찾아 주셔서 제가 더 감사합니다.

기자 : 방송에 나오는 따루 씨를 볼 때마다 궁금했습니다. 어떻게 해서 한국어를 그렇게 잘하게 되셨습니까?

따루 : 처음에는 교환 학생으로 한국에 와서 한국어를 배우기 시작했어요. 그 후 핀란드에 돌아가서 동아시아학을 전공하면서 계속 공부했구요. 대학을 졸업하고 나서 다시 한국으로 와서 지금까지 살고 있는데 쉬지 않고 꾸준히 배우다 보니 이만큼 하게 된 것 같아요.

기자 : 네. 오늘 가게에 손님이 아주 많은데요. 어떻게 해서 막걸리 전문점을 시작하게 되셨습니까?

따루 : 제가 원래 막걸리를 좋아했거든요. 그래서 여행을 갈 때마다 그 지역의 막걸리를 다 마셔 봤어요. 그러던 어느 날, 방송에서 막걸리 전문점을 하고 싶다는 얘기를 했는데 사람들이 관심을 많이 가져 주고 격려도 해 줬어요. 그 덕분에 용기가 생겨서 시작하게 됐어요.

기자 : 네, 그렇게 해서 문을 열게 됐군요.
따루 씨는 한국 생활을 오래 하셨는데 따루 씨에게 가장 기억에 남는 추억은 어떤 겁니까?

따루 : 작년 추석 때 외국인 친구 네 명과 KBS 외국인 노래 대회에 나가서 트로트를 불렀는데 그때 인기상을 탔어요. 상금도 받았구요(=받았고요). 그게 제일 기억에 남아요.

기자 : 네. 마지막으로 한국어를 공부하는 학생들을 위해 조언 한 말씀 부탁드립니다.

따루 : 제가 처음 한국에서 한국어를 배울 때는 완벽한 문장이 아니면 말을 안 하려고 했었는데 지금 생각하면 후회가 돼요.
처음부터 한국어로 이야기 많이 하려고 노력하세요. 생활 속에서 즐겁게 연습하다 보면 한국어를 잘하게 될 거예요.

기자 : 네, 말씀 감사합니다.

따루 : 감사합니다.

2 듣고 말하기 ❷

뮤지컬 배우이신 허엽 씨를 모시고 이야기를 나눠 보겠습니다

9

〈상황〉 TV 토크쇼입니다. 오늘은 뮤지컬 배우 허엽 씨가 초대 손님으로 나왔습니다. . P43

진행자 : 오늘 초대 손님은 JUMP의 도둑 역할로 인기를 모으고 있는 분이죠?
뮤지컬 배우이신 허엽 씨를 모시고 이야기를 나눠 보겠습니다.
자, 그럼 스튜디오로 모셔 볼까요? 허엽 씨!

모　두 : (박수와 환호)

진행자 : 허엽 씨, 안녕하십니까. 바쁘신데 이렇게 시간을 내 주셔서 감사합니다.

허　엽 : 안녕하세요. 초대해 주셔서 감사합니다.

진행자 : 여러분도 저도 허엽 씨께 궁금한 점이 많은데요.

허　엽 : 네.

진행자 : 허엽 씨는 언제 처음 배우가 돼야겠다고 결심하셨어요?

허　엽 : 네, 저는 원래 개그맨이 되고 싶었어요. 그래서 그쪽을 준비했었는데요.
대학교에서 뮤지컬을 전공하게 되면서 배우가 되고 싶다는 생각을 하게 됐어요.

진행자 : 아, 그러셨군요.
JUMP를 보니까 대사가 거의 없더라구요(=없더라고요). 대사 없이 표정과 동작으로 감정을 전달하는 것이 쉽지 않으실 텐데요. 어떻게 그렇게 다양한 표정을 연기할 수 있게 되셨어요?

허　엽 : 처음에는 쉽지 않았어요. 마임과 무술을 계속 배우면서 꾸준히 훈련하다 보니 연기가 자연스러워진 것 같아요.

진행자 : 노력을 많이 하셨군요.
마지막으로, 배우를 꿈꾸는 사람들을 위해 조언 한 말씀 부탁드립니다.

허　엽 : 무대에 서기까지의 과정은 힘들지만 관객들의 박수는 힘들었던 것을 다 잊게 합니다. 포기하지 않고 노력하다 보면 원하는 것을 이룰 수 있을 거예요.
꿈은 꾸는 게 아니라 이루는 것입니다. 도전하세요.

진행자 : 좋은 말씀 감사합니다. 오늘은 뮤지컬 배우, 허엽 씨와 이야기를 나눠 봤습니다.

10

지금부터 발표를 시작하겠습니다

P58

〈상황〉 한국어 수업에서 학생들이 3분 발표를 합니다.
일본 학생 유스케 씨는 가수 김광석의 '이등병의 편지'에 대해 이야기합니다.

안녕하세요? 일본에서 온 사와다 유스케입니다. 지금부터 발표를 시작하겠습니다. 발표 주제는 '제가 좋아하는 한국 노래'입니다. 여러분, 한국 가요를 좋아하세요? 어떤 노래를 좋아하세요? 제가 좋아하는 한국 노래는 김광석 씨가 불렀던 '이등병의 편지'입니다. 김광석 씨는 한국 사람치고 모르는 사람이 없을 만큼 유명한 가수인데 서른 두 살에 갑자기 세상을 떠났다고 합니다. 그래서 한국 사람들이 이 가수를 그리워하는 것 같습니다.

제가 이 노래를 처음 알게 된 것은 대학생 때입니다. 서울에 한국어 연수를 왔다가 돌아갈 때 우연히 김광석 씨의 음반을 사게 됐습니다. 그때는 그 가수를 전혀 몰랐지만 음반 재킷이 마음에 들어서 한국에 온 기념으로 샀습니다. 그리고 일본에 돌아가서 그 음반을 즐겨 들었는데 들으면 들을수록 목소리가 참 슬프고 독특하다는 생각을 했습니다. 나중에 한국 친구가 이 노래는 한국에서 군대에 가는 사람을 위해 친구들이 불러 주는 노래라고 했습니다. 친구가 가사의 뜻을 알려줬는데 의미를 알고 나서 이 노래를 더 좋아하게 됐습니다.

마지막으로 이 노래가 저에게 왜 특별한 의미가 있는지 말하고 싶습니다. 제가 한국에 와서 사귄 친구 중에서 제일 친한 친구가 얼마 전에 군대에 갔습니다. 군대에 가기 전에 친구 앞에서 기타를 치면서 '이등병의 편지'를 불러 주려고 연습을 많이 했는데 예정보다 빨리 입대하게 돼서 만날 수 없었습니다. 결국 군대 가기 전날에 전화로 이 노래를 불러 줬습니다. 친구 앞에서 직접 불러 주고 싶었는데 그러지 못해서 아직도 아쉬움이 남아 있습니다. 그래서 이 노래를 들을 때마다 그 친구가 더욱 생각납니다. 제 친구 앞에서 불러 주지 못했던 '이등병의 편지'를 여러분들에게 들려 드리겠습니다. (♪)

이것으로 제 발표를 마치겠습니다. 부족한 발표를 들어 주셔서 감사합니다.

3 듣고 말하기 ②

떡볶이에 대해 발표하려고 합니다

13

P64

〈상황〉 한국어 수업에서 학생들이 3분 발표를 합니다. 중국 학생 페이 씨는 떡볶이에 대해 이야기합니다.

안녕하세요? 지금부터 발표를 시작하겠습니다. 오늘은 한국의 대표 간식, 제가 즐겨 먹는 떡볶이에 대해 발표하려고 합니다. 떡볶이는 가게나 길거리에서 쉽게 먹을 수 있는 음식인데요.

(☞) 여러분, 떡볶이의 역사에 대해서 알고 계세요? 원래 이 음식은 400년 전에 한국 사람들이 먹었던 떡 산적에서 시작됐다고 합니다. 지금 보시는 것은 떡 산적인데 이 음식은 떡과 고기, 야채를 꼬치에 끼워서 구워 먹는 음식입니다.

(☞) 다음을 보시면 궁중 떡볶이가 있는데, 이 떡볶이는 조선 시대 궁중에서 먹던 음식이라고 합니다. 궁중 떡볶이는 고추장이 들어 있지 않고 맵지 않습니다. 이 요리는 떡, 쇠고기, 야채를 간장에 볶아서 만듭니다. 보통 사람들은 못 먹었고 왕이나 양반들이 먹었는데 설날에 떡국을 만든 후에 남는 떡으로 많이 만들어서 먹었다고 합니다.

(☞) 그럼, 한국 사람들은 언제부터 고추장 떡볶이를 먹었을까요? 요즘 사람들이 즐겨 먹는 빨간색 떡볶이는 신당동에서 출발합니다. 1953년 신당동에 떡볶이 가게가 새로 생겼는데 이 집 떡볶이는 고추장을 넣어서 만들었습니다. (그)뿐만 아니라, 여러 가지 재료와 떡을 넣어 직접 끓이면서 먹었기 때문에 사람들이 신기해했습니다. 이런 떡볶이가 인기를 얻으면서 신당동에 떡볶이 집이 많이 생겼습니다.

(☞) 그럼, 지금부터 쉽고 간단한 떡볶이 만드는 방법을 설명해 드리겠습니다. 먼저, 물과 양념을 팬에 넣고 섞으면서 끓입니다. 끓이는 동안 양파와 파를 얇게 썰고 어묵도 5cm 정도로 썹니다. 다음으로, 끓인 양념에 떡과 양파를 넣고 2분 동안 더 끓입니다. 파와 어묵, 삶은 계란도 넣습니다. 마지막으로, 양념이 걸쭉해지면 불을 끄고 참깨나 치즈를 넣으면 됩니다. 간단하지요? 더 맵게 드시고 싶으면 고춧가루를 넣어도 좋습니다. 이것으로 제 발표를 마치겠습니다. 들어주셔서 감사합니다.

듣고 말하기 1 4

고민을 해결해 드리겠습니다

14

P78

〈상황〉 라디오 방송 스튜디오입니다. 방송 진행자들이 사연을 읽어 줍니다.

진행 여 : 안녕하세요? '라디오 상담실' 최화정, 김태균입니다. 오늘도 여러분의 고민을 해결해 드리겠습니다. 여러분의 고민을 게시판에 지금 바로 올려 주세요.

진행 남 : 자, 오늘의 첫 번째 사연은 루이 씨가 보내셨네요.

진행 여 : 네, 제가 읽어 보겠습니다.

안녕하세요? 저는 프랑스에서 온 교환 학생인데, 룸메이트 때문에 힘들어서 사연을 보냅니다. 제 룸메이트는 남의 것을 자기 것처럼 써요. 비가 오는 날에는 자기 우산이 있는데도 제 우산을 가지고 나가구요(=나가고요). 또 어떤 때에는 제가 먹으려고 냉장고에 넣어 둔 음식을 말도 안 하고 먹기도 하는데 날이 갈수록 더 심해져요. 그러지 말라고 하고 싶은데 사이가 불편해질까 봐 말도 못 해요.

진행 남 : 같이 사는 친구가 이렇다면 참 힘들 것 같아요.

진행 여 : 음...... 냉장고 칸을 나눠서 쓰면 어떨까요? 첫 번째 칸은 루이 씨 칸, 두 번째 칸은 친구 칸, 이렇게 말이에요. 아니면 음식에 이름을 쓰는 방법도 있구요(=있고요).

진행 남 : 한국에서는 콩 한 쪽도 나눠 먹는다는 말이 있는데 그렇게 하면 너무 인정이 없어 보이지 않을까요?

진행 여 : 인정이 없어 보이더라도 스트레스를 받는 것보다는 좋지 않겠어요?

진행 남 : 그렇죠. 스트레스를 안 받는 게 중요하죠. 그럼, 두 번째 사연을 읽어 볼까요?

아이디 '푸른 바다'님의 사연입니다.

안녕하세요? 저는 직장인입니다. 저는 요즘 얌체 같은 동료 때문에 고민하고 있어요. 우리 회사에서는 다섯 명이 한 팀이 돼서 일을 해요. 그런데 이 사람이 자기가 해야 할 일을 이런저런 핑계를 대면서 항상 미루니까 저나 다른 사람들이 결국 그 일을 하게 돼요. 또, 회의에서 같이 결정한 내용에 대해서 나중에 계속 불평하고요. 진짜 이해가 안 돼요. 어떻게 해야 할까요?

진행 여 : '푸른 바다'님, 정말 힘드시겠어요.

제가 '푸른 바다'님이라면 당장 상사에게 말씀드릴 것 같은데요.

진행 남 : 우선 그 얌체 같은 동료하고 직접 얘기해 보는 게 좋을 것 같아요.

진행 여 : 얘기하는 게 좋은 방법이긴 한데 이런 사람들은 말을 해도 고치기가 어렵지요.

진행 남 : 음...... 먼저 노래 한 곡 들을까요? (♪)

4 듣고 말하기 ②

얼굴에 고민이 있다고 쓰여 있어

17

P82

〈상황〉 루이 씨와 승우 씨는 친한 친구입니다. 걱정이 있어 보이는 승우에게 루이가 말을 겁니다.

루이 : 승우야, 너 얼굴이 안 좋아 보인다. 무슨 일 있냐?

승우 : 아, 아니야. 아무 것도 아니야.

루이 : 아니긴 뭐가 아니야. 니 얼굴에 고민이 있다고 쓰여 있어. 빨리 말해 봐.

승우 : 난 영화 공부하러 유학 가고 싶은데 부모님께서 반대하셔.

루이 : 왜 반대하시는데?

승우 : 부모님은 내가 졸업하고 나서 취직하고 결혼해서 안정된 생활을 하길 바라시거든.

루이 : 그렇구나. 음...... 니가(=네가) 정말로 원하는 걸 부모님께 솔직하게 말씀 드리는 게 좋을 것 같은데......

승우 : 유학 얘기는 들으려고 하시지도 않아. 이야기했다가 기분만 나빠질까 봐 말도 못 꺼내겠어.

루이 : 그래? 음...... 편지를 쓰는 건 어때? 편지를 쓰는 게 좋을 것 같아.

승우 : 편지?

루이 : 응. 때로는 직접 말하는 것보다 글로 전하는 게 더 효과적일 때가 있잖아.

승우 : 좀 쑥스러운데......

루이 : 쑥스럽긴. 앞으로의 계획에 대해서 쓰고 또, 유학 갔다 와서 성공한 선배 얘기도 잘 써 봐.

승우 : 그럴까? 그래, 그렇게 한번 해 볼게. 고맙다.

루이 : 고맙긴. 잘 되면 밥이나 사.

듣고 말하기 ❶ 5

18

혜화 역에서 내려서 2번 출구로 나가

P96

〈상황〉 알렉스 씨는 대학로에 있는 카페를 찾아가야 합니다. 그런데 위치를 잘 몰라서 친구 소영 씨에게 전화합니다.

소　영 : 여보세요?

알렉스 : 소영아, 나 알렉슨데(=알렉스인데)......

소　영 : 어, 무슨 일이야?

알렉스 : 다른 게 아니고 좀 물어볼 게 있어서. 전에 같이 갔던 대학로에 있는 카페 있잖아.

소　영 : 어.

알렉스 : 나 지금 시청 역인데 여기서 어떻게 가?

소　영 : 시청이면 거기서 1호선을 타고 가다가 동대문 역에서 당고개 방면 4호선으로 갈아타. 그리고 혜화 역에서 내리면 돼.

알렉스 : 미안한데, 몇 번 출구로 나가야 되는지 알아?

소　영 : 2번 출구.

알렉스 : 2번으로 나가라고?

소　영 : 어, 나가서 나간 방향으로 가지 말고 뒤로 돌아야 돼.
뒤로 돌아서 조금 가면 파랑새 극장이 보일 거야.

알렉스 : 잠깐만, 메모 좀 할게. 2번 출구로 나가서 뒤로 돌라고?

소　영 : 어. 파랑새 극장까지 가서 그 극장을 끼고 오른쪽으로 돌아.

알렉스 : 어.

소　영 : 오른쪽으로 돌아서 조금 가면 편의점이 있잖아.
거길(=거기를) 지나서 300미터쯤 가면 정면에 텍사스가 있어.
그 앞에서 왼쪽으로 돌아서 조금 가면 왼쪽에 전에 갔던 카페가 나와.
테라스라는 카페야. 학전 블루 왼쪽.

알렉스 : 테라스? 알았어.

소　영 : 찾다가 잘 모르겠으면 다시 전화해.

알렉스 : 어. 고마워.

5 듣고 말하기 ❷

홍대 입구 역 9번 출구로 나가

21

P101

〈상황〉 스테판 씨가 소영 씨에게 홍대에서 데이트할 만한 곳을 알려 달라고 합니다.

스테판 : 소영아, 지난 주에 소개 받은 친구랑 만날 건데 어디 갈 만한 데 알아?

소　영 : 글쎄, 혹시 산울림 소극장 가 봤어?

스테판 : 산울림 소극장?

소　영 : 응. 작은 극장인데 1층에 식당도 있어. 분위기가 좋아.

스테판 : 분위기가 좋다구(=좋다고)? 거기 어떻게 가면 돼?

소　영 : 홍대 입구 역 9번 출구로 나가.
나가서 200미터쯤 가면 왼쪽에 TGIF가 보일거야. TGIF를 끼고 왼쪽으로 돌아서 홍대 정문까지 쭉 가면 은행이 나와. 거기에서 왼쪽으로 가면 미술 학원이 많은 길이 나오는데 그 길을 따라 5분쯤 가면 왼쪽에 산울림 소극장이 있을 거야. 커피 프린스가 있는 골목을 지나가야 돼.

스테판 : 커피 프린스 다음 골목? 어딘지 알 것 같아.

소　영 : 3층짜리 평범한 건물이라서 눈에 잘 안 띄어. 그런데 그 건물 앞에 산울림이라고 세로로 쓰여 있고 건물 벽에 연극 포스터가 붙어 있으니까 잘 찾아 봐.

스테판 : 어, 알았어. 고마워.

선녀와 나무꾼

22

P118

해　설 : 옛날 옛날 깊은 산 속에 착한 나무꾼이 살고 있었습니다. 어느 날 나무꾼은 나무를 하다가 쉬고 있었습니다. 그때 갑자기 사슴 한 마리가 뛰어와서 말했습니다.

사　슴 : 나무꾼님, 나무꾼님, 저 좀 살려 주세요. 지금 사냥꾼이 쫓아와요. 제발 저 좀 살려 주세요.

해　설 : 나무꾼은 그 말을 듣고 얼른 사슴을 숨겨 주었습니다. 곧 사냥꾼이 나타났습니다.

사냥꾼 : 여보시오. 여기 사슴 한 마리가 뛰어오지 않았소?

해　설 : 나무꾼이 대답했습니다.

나무꾼 : 사슴이요? 아, 저쪽으로 가던데요.

해　설 : 사냥꾼은 나무꾼이 가리킨 쪽으로 달려갔습니다.

나무꾼 : 사슴아! 이젠(=이제는) 나와도 돼.

사　슴 : 나무꾼님, 정말 고맙습니다.

해　설 : 사슴은 은혜를 갚고 싶다면서 나무꾼한테 소원을 하나 말하라고 했습니다. 그러자 나무꾼은,

나무꾼 : 소원? 내 소원은 장가를 가는 거야.

해　설 : 그 말을 들은 사슴은 나무꾼에게 비밀 하나를 가르쳐 주었습니다.

사　슴 : 보름달이 뜨는 밤에 산꼭대기에 있는 연못으로 가 보세요. 하늘에서 내려온 선녀들이 목욕을 하고 있을 거예요. 벗어 놓은 날개옷 하나를 숨기면, 선녀 한 명이 하늘로 올라가지 못 할 거예요. 그 선녀하고 결혼하면 돼요. 근데, 결혼해서 아기를 셋 낳을 때까지는 날개옷을 절대로 주면 안 돼요. 꼭 기억하세요.

해　설 : 보름달이 뜨는 밤, 나무꾼은 사슴이 시킨 대로 그 연못으로 가서 날개옷 하나를 몰래 숨겼습니다. 그래서 선녀 한 명이 하늘로 올라가지 못했습니다.

선　녀 : 어떡하지? 어떡하면 좋아!

해　설 : 나무꾼은 슬퍼하는 선녀를 집으로 데려왔습니다. 그 후 선녀는 나무꾼과 결혼해서 예쁜 아기도 둘 낳았습니다. 그러나 가끔 하늘을 쳐다보며 하늘나라를 그리워했습니다. 나무꾼은 그런 선녀를 볼 때마다 마음이 아팠습니다.

나무꾼 : 날개옷을 보여 주면 기분이 좋아지겠지! 잠깐만 보여 주는 건 괜찮을 거야.

해　설 : 나무꾼은 선녀에게 날개옷을 보여 주었습니다. 그러자, 선녀는 날개옷을 입더니 아기 둘을 안고 훨훨 하늘로 날아 올라갔습니다.

6 듣고 말하기❷

하늘 나라에서 다시 내려온 나무꾼

25

P124

해　설 : 선녀는 나무꾼에게 하늘을 날 수 있는 말을 타고 땅으로 내려갈 수 있다고 했습니다. 나무꾼은 그 얘기를 듣고 활짝 웃었습니다. 하지만 선녀는 나무꾼이 말에서 내리면 하늘 나라로 돌아올 수 없다고 하면서 절대로 땅을 밟으면 안 된다고 했습니다. 나무꾼은 끄덕거리며 어머니 얼굴만 뵙고 돌아오겠다고 약속했습니다.

어머니 : 아이고, 이게 누구냐! 살아 있었구나!

나무꾼 : 어머니! 그동안 어떻게 지내셨어요? 어머니를 두고 떠났던 저를 용서해 주세요.

어머니 : 무슨 소리냐. 이렇게 다시 만난 게 꿈만 같구나!

나무꾼 : 어머니, 너무 보고 싶었어요. 편찮으신 데는 없으시지요?

어머니 : 나는 괜찮다. 어서 말에서 내려라. 들어가자.

나무꾼 : 어머니, 저는 말에서 내릴 수가 없어요. 어머니만 잠깐 보고 다시 하늘 나라로 돌아가야 해요.

어머니 : 그럼 얘야, 잠깐만 기다려라.
니가(=네가) 좋아하는 죽이라도 한 그릇 가져올 테니......

해　설 : 어머니는 부엌으로 들어가 방금 끓인 죽을 가지고 나와서 나무꾼에게 주었습니다. 나무꾼은 그 죽을 받아서 맛있게 먹었습니다. 그런데 나무꾼은 실수로 뜨거운 죽을 말 등에 쏟았습니다. 말이 놀라 뛰었고 나무꾼은 말에서 떨어졌습니다.
곧 말은 날개를 펴더니 하늘로 훨훨 날아 올라갔습니다. 이렇게 해서 나무꾼은 하늘 나라로 돌아가지 못하게 되었습니다. 나무꾼은 슬퍼하다가 결국 닭이 되었습니다.
그래서 닭들은 지금도 하늘을 올려다 보면서 운다고 합니다.

듣고 말하기 ❶ 7

독립해서 살고 싶어요

P140

〈상황〉 민정 씨는 직장인인데 부모님 집에서 살고 있습니다. 독립하고 싶어서 아버지께 말을 꺼냅니다.

민정 : 아빠, 드릴 말씀이 있는데요.

아빠 : 어, 그래. 뭔데(=무엇인데)?

민정 : 저기…… 저 독립해서 살고 싶어요.

아빠 : 독립을 한다고? 제정신이니?

민정 : 아빠, 저 집에서 회사까지 너무 멀어요. 아시잖아요. 출퇴근 시간만 2시간이 넘어요. 버스 타고 지하철 갈아타고 회사에 도착하면 일도 하기 전에 파김치가 된다고요. 그리구(=그리고) 예전부터 한번 혼자서 살아 보고 싶었어요.

아빠 : 안 돼!

민정 : 아빠, 무조건 안 된다고 하지 마시고 제 얘기를 끝까지 좀 들어 보세요.

아빠 : 안 된다니까. 그리고 요즘 같은 세상에 여자 혼자 사는 게 얼마나 위험한지 몰라서 그래?

민정 : 제 주변엔 그런 친구들 많던데요. 혼자 산다고 해서 다 위험한 건 아니에요. 그리고 요즘은 건물마다 경비 시스템이 잘 돼(=되어) 있으니까 걱정 안 하셔도 돼요.

아빠 : 그건 그렇다 치고, 너 월급 받아서 집값으로 다 내면 저금도 못할 텐데 언제 돈 모아서 언제 시집 갈래?

민정 : 지금 모아 둔 돈이 좀 있으니까 보증금으로 사용하고요. 제가 절약해서 잘 살 자신이 있어요. 아빠, 엄마 도움 없이도 잘 살 수 있어요.

아빠 : 아무리 생각해도 이해가 안 된다. 혼자 살면 신경 써야 할 게 한두 가지가 아니야. 왜 고생을 사서 하려고 하니?

민정 : 아까도 말씀 드린 것처럼 길에 버리는 시간이 너무 아깝다는 생각이 들어요. 회사 왔다 갔다 하는 데 시간을 다 쓰니까 아무것도 못하게 되거든요. 차라리 그 시간에 헬스클럽에 등록해서 운동도 하면 건강에도 좋잖아요.

아빠 : 흠.

민정 : 아빠, 독립하게 해 주세요. 전화도 자주 하고 집에도 자주 올게요. 아빠.

7 듣고 말하기 ②

나하고 부산에 가는 게 어때?

29

P145

〈상황〉 유나 씨와 소영 씨가 주말 계획에 대해 이야기합니다.
유나 씨는 주말 여행을 같이 갈 친구를 찾고 있습니다.

유나 : 소영아, 이번 주말에 뭐해?

소영 : 이번 주말? 뉴스 보니까 이번 주에 단풍이 제일 예쁘대.
그래서 북한산에 등산이나 갈까 하는데……

유나 : 혼자?

소영 : 어, 왜?

유나 : 이번 주부터 부산에서 국제 영화제를 하잖아. 예전부터 가고 싶었는데
같이 갈 사람이 없어서…… 소영아, 나하고 부산에 가는 게 어때?

소영 : 부산?

유나 : 응. 산에는 다음 주에 가고 이번 주에는 나하고 부산에 가자.

소영 : 다음 주는 단풍이 다 질지도 몰라.

유나 : 그럼, 북한산 말고 내장산으로 가면 되잖아.
내장산은 남쪽에 있으니까 다음 주에 가도 될 거야. 단풍은 내장산이 최고야.

소영 : 내장산? 내장산이 어디에 있지?

유나 : 전라도에 있어. 서울에서 세 시간 정도면 갈 수 있어.
이번 주에는 부산에 가고 다음 주에 내장산에 같이 가자.

소영 : 음……

유나 : 부산에 가서 여기저기 구경도 하고 회도 먹고 영화도 보면 좋잖아.
유명한 배우나 감독들도 볼 수 있을 텐데…… 같이 가자. 응? 소영아.

소영 : 그럴까, 그럼?

유나 : 고마워! 역시 너밖에 없어!

※ 부산 국제영화제는?
1996년에 시작된 영화제로 매년 10월 첫째 주 부산에서 열림. 실내외 상영관에서 세계 여러 나라의 영화를 즐길 수 있음. http://www.biff.kr

30

가로는 1m쯤 되고 세로는 2m가 안 돼요

P160

〈상황〉 학기 말입니다. 알렉스 씨는 학기를 마치고 미국으로 돌아갈 예정입니다.
한국어 수업이 끝난 후 미카 씨와 알렉스 씨가 이야기를 나눕니다.

미 카 : 이번 학기도 얼마 안 남았네요.

알렉스 : 정말 눈 깜짝할 사이에 시간이 지나갔어요.

미 카 : 참, 알렉스 씨는 이번 학기 끝나고 돌아간다고 했죠(=했지요)?

알렉스 : 네, 수업 끝나고 일주일 있다가 돌아가요.

미 카 : 짐은 정리했어요?

알렉스 : 아니요, 아직이요. 제가 한국에서 구입한 전자 제품들이 좀 있거든요. 미국에 돌아가면 전압도 안 맞고 부피도 커서 팔고 싶은데, 어떻게 해야 할지 모르겠어요.

미 카 : 제 친구들 보니까 인터넷 사이트에서 중고 물건을 사고 팔고 하더라고요.
혹시 사고 싶은 사람이 있을지도 모르니까 학교 홈페이지 게시판에 올려 보는 건 어때요?

알렉스 : 학교 홈페이지요?

미 카 : 네. 얼마 전에 들어가 봤더니 여러 가지 물건들을 팔던데요.
그런데 어떤 물건이에요?

알렉스 : 1인용 전기 장판인데 좀 큰 편이에요.
가로는 1미터쯤 되고 세로는 2미터가 안 돼요. 켜면 금방 따뜻해지고 예약 기능도 있어서 시간을 맞춰 놓고 자면 저절로 꺼져요.

미 카 : 지금 말한 것처럼 그렇게 올리면 바로 팔리겠는데요?

알렉스 : 그럴까요? 참! 혹시 전기 포트 필요해요?
크기는 한...... 이만 해요. 좀 작긴 하지만 물 1리터 정도는 들어가요.
물이 금방 끓고, 다 끓으면 자동으로 전원이 꺼지니까 되게 편해요. 온도 조절 기능도 있구요(=있고요). 필요하면 그냥 드릴게요.

미 카 : 정말이요? 저야 좋지요.

알렉스 : 그런데 뚜껑이 잘 안 닫힐 때가 있어요.

미 카 : 뚜껑이요?

알렉스 : 네. 하지만 잘 안 닫힐 때는 뚜껑 부분을 세게 한 번 탁 치면 닫히니까 그렇게 불편하지 않을 거예요.

미 카 : 하하. 고마워요. 잘 쓸게요.

8 듣고 말하기❷

시계가 어떻게 운동이 되니?

33

P168

〈상황〉 유나 씨와 소영 씨는 아이디어 상품에 관심이 많습니다. 유나 씨는 소영 씨에게 얼마 전에 구입한 아이디어 상품에 대해 얘기합니다.

유나 : 너 아령 시계 본 적 있어?

소영 : 아령 시계?

유나 : 응. 지난 달에 하나 구입했거든. 기대했던 것 이상으로 좋았어.
진짜 아령처럼 운동이 되더라.

소영 : 무슨 소리야? 시계가 어떻게 운동이 되니?

유나 : 알람이 울리면 30회를 올렸다 내렸다 해야 돼. 안 그러면 안 꺼져.

소영 : 우와, 재밌다(=재미있다). 그런 게(=것이) 있어? 어떻게 생겼는데?

유나 : 길이는 20센티미터 정도 되고 무게는 1킬로그램이 넘는 것 같아.
흰색, 검은색, 빨간색이 있는데 내 건 빨간색이야.

소영 : 어디서(=어디에서) 샀어?

유나 : SG 쇼핑에서.
아침 일찍 잠도 깨고 운동도 할 수 있으니까 너도 하나 사서 이용해 봐.
사이트 주소 보낼게.

MP3 트랙 목차